사람이 있고 자연이 있는 아름다운 명산

| 박기성 지음 |

가림출판사

책머리에

〈사람과 山〉에 9년간 있었다고 하면 사람들은 대뜸 "그럼 우리 나라에 안 가본 산이 없겠네요?" 한다. 이어 "다녀보니 어느 산이 제일 좋은 것 같아요?" 하고 되묻기 일쑤다.

이런 질문을 받을 때면 사실 해줄 말이 없다. 우리 나라에 산이 얼마나 많은데 다 다닐 수 있으며 설사 다 가봤다 하더라도, 내가 그들을 알면 얼마나 안다고 품평을 하고 등급을 매기겠는가? 어느 산이 제일 좋다고 하면 또, 그걸 들은 여타 산의 영들은 얼마나 섭섭해하겠는가?

1999년에 레닌봉, 키르기즈어로 쿠히갈모라고 하는 산에 갔을 때 산신령의 존재를 느꼈다. 4300m의 베이스캠프에서 잠이 안 와 좌정을 했더니 어디서 무언가가 와 내 안의 나가 대화를 하는 것이었다. 이후 다시 산신령을 만날 기회를 얻지는 못했지만 산에는 분명 영이 있다고 믿는다.

〈사람과 山〉 편집장으로 있을 때는 '무슨 산 대연구' 라는 연재를 기획, 다달이 명산을 하나씩 특집으로 실었다. 그때 나는 '프롤로그' 라고 이름 붙인 개관을 맡아 썼다. 여기 실린 글들은 바로 그 프롤로그들의 모음이다.

프롤로그를 취재하기 위해서 산을 세 바퀴쯤 돌았다. 산의 중심부에서 작게 한 바퀴, 능선으로 한 바퀴, 그리고 테두리로 한 바퀴를 돌았다. 그렇게 일주일쯤 돌고 나야 비로소 '이 산은 무엇' 이라고 잡히는 게 있기 때문이었다.

그러나 설악산과 지리산은 도대체 잡히지가 않았다. 그래 프롤로그를 써놓은 것이 없었는데 가림출판사 강선희 사장이 두 산을 뺀 산 책을 어떻게 만들 수 있느냐고 해 작년 9월 첫 주에 혼자 설악산, 10월 마지막 주에 지리산을 다녀왔다. 그때 도움을 주신 설악산관리사무소 이임상 소장, 지리산관리사무소의 고병준 소장께 감사드린다.

별로 잘 쓰는 글도 아니지만 아무리 잘 써도 지도가 없으면 이해가 안 되는 것이 산이다. 그런데 지도를 제작할 여력이 없었다. 그래서 〈사람과 山〉 홍석하 사장을 찾아가 지도를 빌려주기를 간청했다.

열다섯 산 중 열셋은 마침 기왕에 제작해둔 것이 있었다. 나머지 둘은 〈사람과 山〉 전속 지도 디자이너인 박경이 씨한테 의뢰해 새로 제작해 주셨다. 그래서 이 책에 산줄기와 등고선이 표시된 아름다운 지도가 실리게 되었다.

아울러 사진 대여도 청했다. 취재를 다닐 때는 언제나 사진기자와 함께였기에 스스로 찍어둔 것이 없었던 것이다. 있다 해도 그건 글을 쓰기 위한 자료가 아니라서 책에 실을 수 없었다.

홍석하 사장은 고맙게도 이 부탁까지 들어주었다. 그래서 이 책은 〈사람과 山〉의 베테랑들, 정종원·김남곤·신준식 기자의 사진들로 변변치 못한 글을 뒷받침할 수 있었다.

그렇지만 가림출판사의 강선희 사장이 아니었으면 책은 나오지 못했을 것이다. 특히 모든 과정을 점검하고 최종 교정까지 보아준 이선희 부장의 노력과 예쁘게 치장을 해준 김진호, 김영주 씨 덕분에 나는 4반세기 등산 역정을 정리할 수 있었다.

1994년 〈사람과 山〉에 팔공산 프롤로그가 실렸을 때 전라도 쪽에서 마땅찮아 한다는 소식을 들었다. "인구와 면적이 턱도 없이 작으면서도 그들이 언제나 경상도 사람들에게 라이벌의식을 갖는다"는 대목 때문인 것 같았다. 표현이 좀 지나친 면은 있었지만 그렇게 썼던 것은 내가 전라도 출신으로서 그 땅에 대한 애정이 바탕에 깔려있기 때문이었다.

글이란 어차피 글쓴이의 주관의 산물이다. 독자 여러분은 이런 이해의 바탕에서 혹시 틀리거나 마음에 안 드는 부분이 있더라도 너그러이 받아 주시기를 바란다.

2005년 1월
삼각산이 보이는 신사동 고개마루에서 알타이 박 기 성

CONTENTS
차례

- 6 | 책머리에
- 10 | 눈물처럼 동백꽃 지는 선의 화원 **선운산**
- 22 | 시처럼 완벽한 서울의 하늘 **도봉산**
- 32 | 닭벼슬을 머리에 쓴 해동의 용 **계룡산**
- 44 | 돌불꽃 하늘 찌르는 남도의 천황 **월출산**
- 56 | 바위성으로 솟아오른 서울의 찬가 **북한산**
- 66 | 자아가 사라지는 알피니즘과 부디즘의 도장 **설악산**
- 76 | 달마가 동쪽으로 온 까닭 알려주는 선의 바다 **가야산**

C O N T E N T S

88 | 바위가 바위를 무등 태운 광주의 여신 **무등산**
98 | 통일의 원동력 일군 신라의 중악 **팔공산**
110 | 긴 봄 긴 가을의 남쪽 나라 무릉도원 **두륜산**
120 | 3도 여섯 고을에 그림자 드리운 거대한 산국 **지리산**
132 | 첩첩의 산물결 일군 부채꼴의 야누스 **속리산**
142 | 금수강산이 그려 놓은 환상의 산수화 **월악산**
152 | 산·바다·호수·스키장 어우러진
　　　겨울교향곡 **마산·신선봉**
162 | 골골 등등 산산이 품도 너른 어머니여 **함백산**

禪雲山

선운계곡은 200m쯤의 야산급 능선이 에워싼 골짜기다. 그럼에도 그 길이는 시오리를 넘는다. 산은 높지 않아도 충분히 깊고 너른 품을 가졌다. 산은 높아야 명산이 아니고 선풍(仙風)이 깃들어야 명산이라는 말은 바로 선운산을 위해 만들어진 것 같은 느낌이다.

01

눈물처럼 동백꽃 지는 선의 화원

선운산

호남의 내금강이라 불릴 만큼 계곡미가
빼어나고 숲이 울창한 선운산

인연인가 보았다. 한 산에 두 번 가기도 힘든데 무려 다섯 번을 찾았으니….

선운산과 첫 인연을 맺은 것은 1993년 시월이었다. 선운산에 가서 '산사람 만들기'라는 기획기사를 준비해오라는 지령을 받고 아무 생각 없이 입산을 했다. 그리고는 한눈에 반해 버렸다.

제일봉 경수산(鏡水山 : 444m) 아래는 바닷물이 거울을 만들고 있었다. 인냇강(仁川江) 건너에는 같은 높이의 쌍둥이봉 소요산이 보듬고 싶도록 정겨웠다. 가실이 한창인 흥덕들에서는 바다로 가던 까끄라기 태운 연기가 해풍을 따라 휘돌아오며 3차원의 곡선을 그렸다.

산악회에 든 이래 언제나 그렸던 산은 고향의 뒷산 같은 산 — 어린 시절 소 풀 뜯기러 가고, 나무를 해오고, 썰매 꼬챙이감 찌러 다녔던 그런 산이었다. 그렇지만 선배들은 맨날 큰 산, 깎아지른 바위산, 얼음폭포 좋은 산만 데리고 다녔고 그렇게 길들여졌다. 그러다 십 년도 더 지난 때에 비로소 꿈꾸던 산을 발견한 것이었다.

두 번째 만남은 1994년, 그때도 가을이었다. 서울시 산악연맹에서 경기연맹, 전북연맹과 합동으로 그리던 산을 간다기에 성큼 따라나섰다.

이번에는 높이가 아닌 깊이를 보러 도솔계곡으로 들어갔다. 그리고는 그만 입을 벌려버렸다. 부챗살처럼 퍼진 소나무 장사송(천연기념물 제354호), 대숲을 돌아가면 나오는 호젓한 도솔암, 게다가 첩첩이 바위였다.

바위는 거개가 하늘벽이었다. 그 벽에는 유럽의 석회암에서도 드물게 보인다는 구멍들이 벌집처럼 뚫려 있었다. 산 너머가 바다여서 그런지 이끼 하나 없이 깨끗했고…. 바위의 천국, 한국의 시티 오브 록(City of Rocks)이 바로 거기에 있었다.

　바위의 낯바닥을 갈아 만든 미륵불의 모습도 경이 그 자체였다. 뱁새눈은 초리가 올라갔고 주둥이는 앞으로 튀어 나왔다. 용천은 억만이의 그것처럼 불룩했고 오른손은 육손이, 원만구족(圓滿具足)으로 표현되는 여느 부처모습과는 영 거리가 멀었다.

　못생겨서 더 정이 갔다. 변혁기마다 민중들이 바라마지 않았던 메시아 미륵불의 상호는 힘있는 자들의 뒤를 닦아주는 제도불(制度佛)들과는 달리 이런 모습이라야 제격일 것 같았다. 벽 색깔이 민중의 땅, 황톳빛을 띤 것도 걸맞는 분위기였다.

　세 번째는 "동백꽃은 아직 일러 피지 않았던" 1995년 삼월 말, 여자와 둘이서 갔다. 히여재골로 들어 평지 같은 오솔길을 꿈속인 양 걸었다.

　동백꽃이 필 무렵 여자는 결혼하자는 편지를 보냈다. 눈물처럼 동백꽃이 질 때쯤에는 헤어지자고 했다. "떨어지는 꽃송이가 내 맘처럼 하도 슬퍼서 당신은 그만 못 떠나실 거"라던 송창식의 노래만 가슴에 박혔다.

　네 번째 만남은 1996년 이월에 했다. 바위를 잘 타는 거리산악회의 이승조 씨, 얼음을 잘 타는 산비둘기산우회의 유학재 씨, 원광대 산악부장을 지

청룡산의 배맨바위. 거북이 모양의 이 바위는 히여재에서는 큰 바위 얼굴, 해리에서는 독수리처럼 보인다.

낸 이동윤 씨와 함께였다. 하강을 하고 시등(試登)을 해보며 무궁무진한 개척 가능성을 확인했다. 이후 이승조 씨는 개미산악회의 김유형 씨와 동아리산악회의 박현규 씨 등에게 이를 알려 개척에 착수하게 했다.

이때 천마봉을 처음으로 걸어서 올라가 보았다. 거기서 도솔암 쪽을 내려다보니 한 마리 거북이가 눈에 띄었다.

마애불은 거북이의 코를 갈아 새긴 것이었다. 오른쪽 눈 자리에는 상도솔(암)이 자리했고 (하)도솔암 뒤편의 만월대와, 용문굴로 가는 길의 협곡 왼쪽 거벽이 두 발을 이루고 있었다. 기가 막힌 조물주의 솜씨였다. 도솔계곡 건너편의 사자암은 미국 스미스 록(Smith Rock)에 있다는 몽키 페이스(Monkey Face)로 보였다.

근래 보물(제1200호)로 지정된 도솔암 마애불.

선운산(도솔산)은 흔히 선운사 뒷산인 342m의 수리봉을 가리킨다. 그러나 실제로는 1979년에 전라북도에서 도립공원으로 지정한 범위, 선운계곡을 빙 둘러싼 E자 모양의 산군 전체로 봄이 더 타당할 듯하다. 그 중간에 개이빨산(국사봉), 청룡산, 비학산 등의 '독립국'이 있는 것이 걸린다면 연방체제로 보아도 괜찮고.

뚜렷한 근거는 없다. 선운사지(禪雲寺誌)나 참당암, 즉 대참사(大懺寺)의 사지에도, 고창군지에도 산역은 불분명하게 되어 있을 뿐이다. 다만 우리 조상들은 산을 하나의 봉우리가 아닌 덩치로 보았고, 그 E자 운두를 다 돌아봐야 구름 속에 누워 선의 삼매에 빠진다는 선운의 의미 — 참선와운(參禪臥雲)의 실마리를 어렴풋이나마 잡아볼 수 있지 않을까 싶어서다.

운두는 바위들의 전시장이다. 구황봉 마루에는 탕건바위가 솟았고 아홉

바위에 싸여 있다는 구암리 쪽 산날로는 벌바위, 형제바위가 줄을 지었다. 산태극 수태극의 인냇강을 굽어보다 반암리로 눈을 돌리면 아산초등학교 뒤로 전잠바위, 그 옆에 사자바위, 바로 앞에 솔숲 위로 목만 내놓은 사람 같은 병(甁)바위, 물가에 소반바위 … 정신이 없다.

잘루목으로 내려섰다 오르막으로 접어들면 돌기둥이 서서 선바위, 능선 마루쯤 안장바위, 고스락에 병풍바위….

청룡산의 배맨바위는 방향에 따라 모양이 달라진다. 비학산에서는 영락 없는 거북이가, 히여재를 건너 다가가면 큰 바위 얼굴로 변한다. 그렇지만 남쪽의 해리에서 보면 거대한 독수리로 변한다. 이 전시회는 천마봉에서 절정을 이루고 끝을 맺는다.

산은 높아야 명산이 아니고 선풍이 깃들여야 명산이라는 말은 바로 선운산을 일컫는 말이다.

선운산을 가려면 흥덕에서 굴치 너머 바로 들어가든지 고창을 거쳐야 한 다. 굴치 쪽이 지름길이지만 선운산을 쉽게 이해하려면 아무래도 돌아가는 편이 낫다.

고창에서 서남 쪽으로 영광까지는 말 그대로 비산비야(非山非野), 끝없 는 들이 펼쳐진다. 길은 인냇강의 다른 이름인 주진강(舟津江)이 시작되는 바날, 옛날에 배가 드나들었던 주진리에서 산 속으로 들어가는 강을 따른 다. 놀라지 않을 수 없는 대목이다.

인냇강은 고창, 무장, 성송을 잇는 삼각평야의 물이 바날에서 모여 선운 산과 소요산 사이의 심산협곡을 지나 바다로 흘러드는 강이다. 배가 다녔 을 정도로 완만해 바닷물이 깊숙이 거슬러 올라오고 중류로부터는 양안에

석상암 일대의 녹차밭. 우룡스님이 되살린 명물이다.   도솔계곡에 있는 진흥굴. 진흥왕 전설이 있으나 개연성은 없다.

갈대밭이 우거졌다. 강둑에 봄풀이 파래질 때도 아직 갈대가 노루의 겨드랑이 털빛을 띠고 있는 이 강을 따라 선운산 3대 명물 가운데 하나인 풍천장어가 올라온다.

나머지 둘은 나무딸기인 복분자의 술과 작설차다. 복분자술은 강정제로 소문이 났는데 이를 마시고 소변을 보면 오줌통이 엎어진다고 하여 '엎드러질 복 覆' 자, '동이 분 盆' 자를 썼다.

평지돌출한 바닷가 산은 근동 민중들의 성산이요, 진산(鎭山)이었다. 동학혁명은 흥덕접주 손화중이 선운산 미륵불 배꼽에서 비결서를 꺼냄으로써 비롯되었고 전북도당 빨치산은 바로 이 산과 곰소만 건너 변산을 최후의 보루로 삼았다. 1950년 동족상잔의 해에 흥덕은 시월을 국군과 함께 맞았지만, 선운계곡은 다섯 달이나 더 붉은 깃발 아래에 있었다. 이 난리통에 선운골 100가구에서는 80명을 잃었다.

선운계곡은 겨우 200m쯤의 야산급 능선이 에워싼 골짜기다. 그럼에도 그 길이는 시오리를 넘는다. 산은 높지 않아도 충분히 깊고 너른 품을 가졌다. 산은 높아야 명산이 아니고 선풍(仙風)이 깃들어야 명산이라는 말은 바로 선운산을 위해 만들어진 것 같은 느낌이다.

낙조대에서 경수산까지는 천상의 화원이다. 쇠물푸레도, 팥배나무도, 각

시붓꽃도, 이스라지도, 애기나리도 나름의 질서를 가지고 우주를 연다. 투명한 하얀 대궁 위에 신비한 꽃을 피우는 와일드 오키드, 춘란을 보는 것도 어렵지 않다.

선운산의 자랑거리로 동백숲을 빼놓을 수 없다. 선운사 뒤쪽의 산뿌리와 왼쪽 골짜기 5000여 평에 심어진 500년생 3천여 그루의 동백들이 천연기념물 제184호로 지정되어 있다. 철책으로 가둬놓아 자연스런 맛은 떨어졌다 해도 그걸 안 보고는 선운산을, 선운사를 봤다고 말할 수 없다.

다섯 번째 찾았을 때는 동백꽃이 지는 중이라고 했다. 차마 그 모습은 못 볼 것 같아 절은 들어가지 않고 산 테두리만 돌았다. 그렇지만 인연이란 어쩔 수 없는가 보았다. 구황봉에서 시작해 운두를 반 바퀴 돈 끝에 하산한 곳이 참당암이었다. 그런데 거기, 꽃을 참담하게 떨구어놓은 동백나무 세 그루가 기다리고 있었다. 어두워지는 날인데도 불구하고 땅바닥에 털썩 주저앉지 않을 수 없었다.

그것은 동이로 쏟아놓은 눈물보다 더 아픈 광경이었다. 손 벨 듯 칼칼한 잎수풀 사이의 시든 꽃잎은 차라리 매정한 사랑의 뒤끝이려니 여길 수 있었다. 그렇지만 땅바닥에 흩어진, 아직도 정화(情火)를 잃지 않은 꽃잎은 꿈속에서만 통곡하는 『토지』의 구천이 넋이었다.

황금의 꽃같이 굳고 빛나던 옛 맹서는 차디찬 티끌이 되야서 한숨의 미풍에 날아갔습니다. 날카로운 첫 키스의 추억은 나의 인생의 지침을 돌려놓고 뒷걸음쳐서 사러졌습니다. (중략) 제 곡조를 못 이기는 사랑의 노래는 님의 침묵을 휩싸고 돕니다.

만해는 아무래도 연애시를 쓴 것 같았다. 님이 조국이고 '간 님'이 멀어진 해방이니 하는 건 다 평론가의 말일 뿐이고 정작 그는 실연의 비통함을 시대상황에 가탁(假託)했던 것 같았다.

법당 뒤 솔밭 위로 달이 떠오르고 있었다. 빨라졌다 느려졌다 목탁소리는 끊이지 않았고 간간이 풍경이 쨍강거렸다.

"인연은 쉽게 보이는 것이 아닙니다."

이태 전에 들었던 오대산 사고(史庫) 뒷절의 눈 맑은 스님의 말이 새삼스럽게 떠올랐다.

"박 기자님은 전생에 틀림없이 중이었을 겁니다."

히말라야를 갔다온 해종스님의 이야기도 귓전을 맴돌았다. 출가와 가출과 출장이 백지 한 장 차이로 느껴졌다.

성전참회대발원(聖前懺悔大發願)이 대참사의 창건 취지다. 때는 백제 무왕 28년, 서기로는 627년이다.

선운사가 백제 위덕왕 24년(577년)에 세워졌으니 그보다 50년 늦은 셈인데 이후 선운산을 대표하는 절로 내려왔다. 정유재란으로 둘 다 병화를 입었지만 선운사가 광해군 때 무장현감의 후원으로 재건될 당시 대웅전만 겨우 갖춰 지금은 선운사의 부속암자 참당암으로 전락했다. 그렇지만 좌로 도

고창읍내 죽림리의 고인돌 무덤떼. 유네스코가 지정한 세계문화유산이다.

낙조대에서 경수산으로 뻗은 능선 위에서 항공사진처럼 잡을 수 있는 선운사.

솔봉, 우로 국사봉, 앞에 천왕봉을 둔 절터는 선운사보다 훨씬 짜임새가 있는 명당자리다.

두 시간을 그렇게 앉아 있었다. 달은 점점 높이 솟았다. 일어났다. 달빛조각 흩어진 하산길에는 온 산 소쩍새가 연호를 하고 있었다.

설운산, 선운산. 아픈 기억을 가진 이는 가지를 마소. 정 가려거든 동백꽃 질 때는 제발 피해 가소. 그것도 할 수 없다면 이것 하나만. 참당암은 들르지 마소. 소쩍새 우는 달밤을 어찌 견딜라요.

TOUR POINT

선운산 여행 포인트

| 찾아가는 길 |

승용차 : 서해안고속도로 선운산나들목으로 나와 22번 국도를 따르거나 고창나들목에서 15번 지방도를 타고 서쪽으로 가다 인냇강(주진천) 갓길을 따라 간다. 거리는 전자가 가깝지만 경치는 후자가 좋다. 호남고속도로를 타게 될 경우에는 정읍나들목에서 29번 국도, 2km 지점에서 좌회전해 22번 국도로 갈아타면 된다.

대중교통 : 고창에서 선운사행 직행 버스와 군내 버스가 38회 다닌다. 고창행 버스는 전주(직통만 22회), 정읍, 익산, 군산, 광주, 목포에서 있다. 광주에서 오는 버스 8편과 정읍버스 4편은 선운사까지 간다.

| 볼거리 |

선운산은 봄에는 동백, 가을에는 상사화로 유명하다. 특히 동백은 북한계의 의미가 있어 천연기념물로 지정되었다. 선운사의 볼거리는 대웅전(보물 제290호), 금동보살좌상(보물 제279호), 참당암 대웅전(보물 제803호), 상도솔(암) 지장보살좌상(보물 제280호), 도솔암마애불(보물 제1200호)이다. 추사 김정희가 글과 글씨를 쓴 백파선사비도 찾는 사람들이 많다.

마애불 벼랑 위에 있는 상도솔은 좁은 바위틈 말고는 올라갈 길이 없는 요새다. 그만큼 경치가 좋은 데에 보물 지장보살을 모신 절집까지 명품이다. 가시복어를 연상케 하는 그 귀퉁이 공포는 세상에 둘이 없다.

산 둘레의 볼거리로는 구암리의 병바위, 읍내 죽림리의 고인돌 무덤떼, 무장면의 무장읍성, 부안면의 미당 시문학관과 인촌 생가가 있다. 이 가운데 사적 제346호인 무장읍성은 거의 허물어져 토대만 남았지만 드물게 순수 토성으로 되어 있어 이채롭다. 성안에는 갑오농민전쟁의 횃불이 올랐던 동헌과 객사, 정문인 진무루와 그 양쪽 성벽이 옛 모습 그대로 남아 있다.

고창읍에서는 돌로 된 고창읍성 모양성을 찾는다. 옹성이 있는 동서북문과 성안의 관아 건물들이 거의 다 복원되어 있다. 북문 앞에는 판소리 열두 마당을 정리한 동리 신재효 기념관 동리국악당과 생가가 있다.

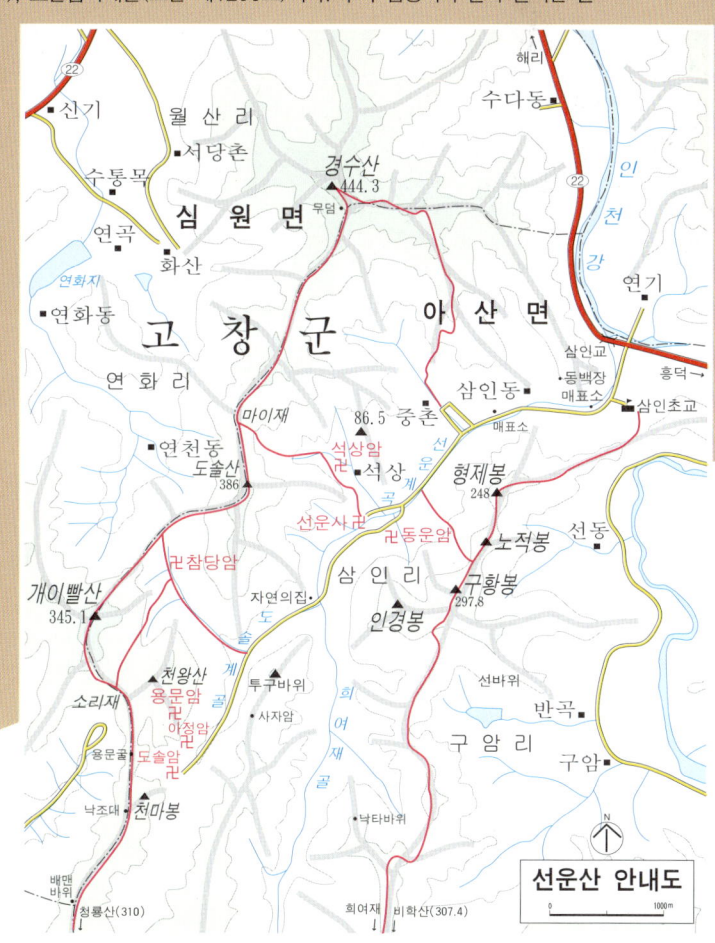

선운산 안내도

道峰山

　도봉은 2천만 수도권 사람들의 도시공원이 되었어도 아직 그대의 꿈꿀 공간은 마련해두고 있다. 그리고 시처럼 완벽하다. 도대체 740m, 24km²의 산이 바위, 폭포, 새, 그리고 시까지 갖추고 있는 데가 세상에 또 어디 있단 말인가.

02

시처럼 완벽한 서울의 하늘
도봉산

우람한 기암괴석과 뾰족히 솟은 암봉들이 장관을 이루는 도봉산

도봉산은 시다. 박두진 시인의 '도봉'이 아니더라도 그것은 충분히 시가 되고도 남음이 있다.

도봉동문 지난 도봉서원 어름, 숲의 얼기미 뒤로 나타나는 153길(260m) 절벽 청천삭출만장봉(靑天削出萬丈峰). "파란 하늘에 깎아 세운 만 길 봉우리"라 읊은 옛 사람들의 비유가 무릎을 치게 만드는 그 쇄락함을 어찌 시가 아니라고 할 수 있으랴. 예서 그대는 "산새도 날아와 우짖지 않고/구름도 떠가곤 오지 않는다/인적 끊인 곳 홀로 앉은 가을산의 어스름…"으로 들어갔던 시인의 깨달음에 잇닿게 된다.

스승은 어디 있습니까?

티끌 같은 가벼움으로 다리를 건너면 문사동계곡, 그 옛날 도봉서원의 선비들이 시심에 젖어 거닐었을 아름다운 골짜기다. 그러나 금강암의 바람은 뒤돌아 천축사로 가라 한다.

무문관(無門關)이다. 천축국의 크게 깨달은 이, 석가모니의 수행을 따라 6년 동안 바깥출입을 않고 화두와 씨름하는 선방이다. 그 정한 기일을 마치고 나온 원공스님 같은 이의 말씀은 통찰의 공통점에서 하나의 시다.

그렇지만 강파른 기상만이 시의 주제가 아니듯 도봉에도 부드러움이 있다. 마당바위에서 관음암에 이르는 산중터릿길을 걸어보라. 영랑이 아니더라도 그대는 보드레한 에메랄드빛 하늘을 우러르고 싶은 마음이 될 것이다. 하여 남의 신이라도 법당 앞에서 합장 한 번쯤 하게 되리라.

돌이 된 오백나한 머리 위 바위처마에는 외등처럼 말벌집이 달려 있다. 산신각으로 오르는 층계에 앉으면 산경문전(山景紋塼)이 다가온다. 쉬운 길이 하나도 없는 주봉(柱峰)은 차라리 옛 이름 관음암이 더 걸맞아 보인다.

맞추어 풍경은 쨍강거리고 오목눈이는 운다. 옆사람과 소근거리는 나한의 말소리도 들려온다. 요사채 앞의 피나무 굴뚝 같은 썩은 전나무는 저대로 천년을 더 갈 듯하다. 도봉 같은 싯적 분위기가 아니라면 어림도 없는 이야기다.

칼바위라는 얼토당토 않은, 섬뜩한 시어가 마뜩찮거든 낙엽 깊은 비탈로 내려 주봉샘터로 가라. 대체로 샘터에는 물이 마른 지 오래다. 바쁠 것 없는 걸음으로 주봉을 향하다 산허리를 타고 신선대와 681봉 사잇목으로 향한다. 이어 자운봉과 만장봉 사잇목으로 간다.

싯적 상상력을 지닌 도봉은 진즉부터 시였고
　　산 위의 사람들은 도봉의 일부였다.

주봉야영장—지금은 폐쇄되었다—에 터잡은 이들의 선인봉 나들잇길이다. 눈을 가리고 데려와서 설악산 공룡릉이라고 하면 깜박 넘어갈 기문진(奇門陣)이다. 바위가 더 많은 북한산도 가지지 못한, 맑은 눈을 가진 이만 찾아갈 수 있는, 숨겨 놓지 않은 비경이다. 이런 싯적 상상력은 도봉이 아닌 어디에서도 가능하지 않다.

이제 솔바람 소리에 귀 기울이지 못하게 하는 신선대 등산객들의 "야호~" 소리도 몰풍스럽지만은 않다. 그것은 "호오이 호오이 소리 높여/나는 누구도 없이 불러보나" 외쳤던 시인의 그것처럼 소슬하게까지 들린다. 도봉은 진즉부터 시였고 산 위의 사람들은 도봉의 일부인 까닭이다.

선인봉을 오른 적은 없었어도 시인의 통찰력은 절묘하게 클라이머의 느낌을 잡아냈다. 사방이 막힌 절벽 가운데서 동무가 올라올 때까지 하릴없이 기다릴 수밖에 없는 클라이머의 고독을, 다락원을 지나 수락산 기슭으로 올라가는 산 그림자로 그려낸 것이다. 그리하여 "그대 위하여/나는 이제도 이 긴 밤과 슬픔을 갖거니와/이 밤도 그대는/나도 모르는 어느 마을에서 쉬느뇨"라는 맺음에서, 산악인이라면 하나쯤 갖고 있게 마련인 먼저 간 동무에 대한 추억을 울컥 끄집어내게 만들고 있다.

동무 생각에 더 쓸쓸한 가을날을 위해 도봉이 마련해둔 것이 사패산이다. 그곳에서 동무와 놀던 바위터들은 아득하고 바람 탄 새매는 빙빙 돌며 하늘로 오른다. 하늘 높이 기러기들이 날아가는 소리를 뒤로 한 채 웅덩이에 알 낳고 죽은 작은 갈색나비를 보며 골짜기를 내려올 때쯤이면 "삶은 갈수록 쓸쓸하고/사랑은 한갓 괴로울 뿐"만은 아니리라. 24km²밖에 안 되어도 도봉은 이런 싯적 풍부함을 지녔다.

산문을 끊어놓는다고 시가 되지는 않는다. 나름의 운율, 음악성이 있어야만 시인 것이다. 도봉은 그 음악을 송추(폭포)골에 감춰두었다.

신선대에서 뒤쪽 골짜기의 갈빛 천지로 들어가면 길게 누운 폭포에 이어 세 개의 진짜 폭포가 나온다. 그리고 무인지경이다. 폭포 옆을 지나다 몇 사람이 떨어져 죽었다고 국립공원관리공단에서 친절하게도(?) 어귀에 "출입금지" 안내판을 세워두었기 때문이다.

낙엽이 지기 시작하는 가을날의 도봉산. "파란 하늘에 깎아 세운 만길 봉우리"라는 시구처럼 쇄락한 풍경이다.

이곳은 새의 낙원, 고양시의 조수보호구역이다. 청미래덩굴 수풀에서 딱새 무리들이 부스럭거리고 쇠딱따구리가 천지간에 목탁을 두드린다. 물 마시러 온 들꿩이 겁먹은 눈을 껌벅거릴 때 물 떨어진 폭포의 방울은 실로폰 소리를 낸다.

도봉을 북한산과 떼어놓고 이야기하기는 어려운 일이다. 북한산국립공원에 곁다리로 들어 있어서만은 아니다. 산경표와 대동여지도에 나오듯 그것은 원래 산이 아닌 봉, 북한산의 속령이고 짝이었던 것이다.

속령이라지만 줄을 더 잘 섰다. 북한산(836.5m)은 작은 부분 상장능선만 한북정맥에 걸쳤는데 도봉(739.5m)은 사패산에서 우이암까지 주릉 전부를 한북정맥 위에 앉혀 놓고 있다.

키는 97m, 작아도 북한보다 수려함은 더하다. 북한산이 삼각산과 보현봉의 솟음과 날카로운 암릉만 자랑하는데 도봉은 주릉 5.5km가 일관되게 기암과 노송의 아기자기함을 이어간다.

계곡은 말할 것도 없다. 도봉은 문사동, 송추골, 회룡골, 안골 모두 어디에 내놔도 손색이 없는 미모를 갖추고 있으나 북한산은

가파른 마당바위를 줄도 없이 오르는 산악인들.

코스도 없는 식빵바위를 소년처럼 올라 보는 사나이.

백미인 우이구곡마저 도선사의 포장도로와 철책으로 생명을 잃어버렸다. 계곡미의 잣대인 폭포만 봐도 북한산이 구천은폭과 평창계곡의 동령폭 정도만

"손톱으로 톡 튀기면 쨍 하고 금이 갈 듯" 한 하늘과 오봉. 빨간 단풍나무와 푸른 소나무, 신갈나무숲이 바위와 추일서정을 이루고 있다.

가졌지만 도봉은 회룡폭, 안골 선녀폭, 원각폭, 세 개의 송추폭에다 송추유원지의 긴 와폭과 담(潭)까지 자랑한다.

　바위도 꿀릴 것이 없다. 서울산악인들의 바위타기 순례 순서는 원래 우이암, 노적봉, 인수봉, 선인봉, 주봉이었던 것이다. 세련도 아닌 등반길이로 보더라도 도봉은 북한산에 뒤지지 않는다. 인수봉 최장코스인 크로니길 237m에 대해 선인봉에서 제일 긴 요델버트레스는 236m다. 트래버스가 잦고 펜드럼이 있는 크로니길과 달리 요델버트레스는 곧장 뻗어 올라갔는데도.
　그렇지만 도봉은 이기려 하지 않는다. 그것은 북한산의 짝으로 있을 때 가장 진가를 발휘하기 때문이다. 그래서 북한산은 도봉의 손가락바위를 넣고 찍을 때 가장 위엄 있고 인수봉은 도봉을 배경으로 놓아야 외롭지 않다.
　둘이 대비될 때 그 특징은 더 두드러진다. 골 깊고 곰상스러운 도봉으로 하여 북한산의 솟음은 더욱 빼어나 여성과 남성으로서의 상징을 극명하게

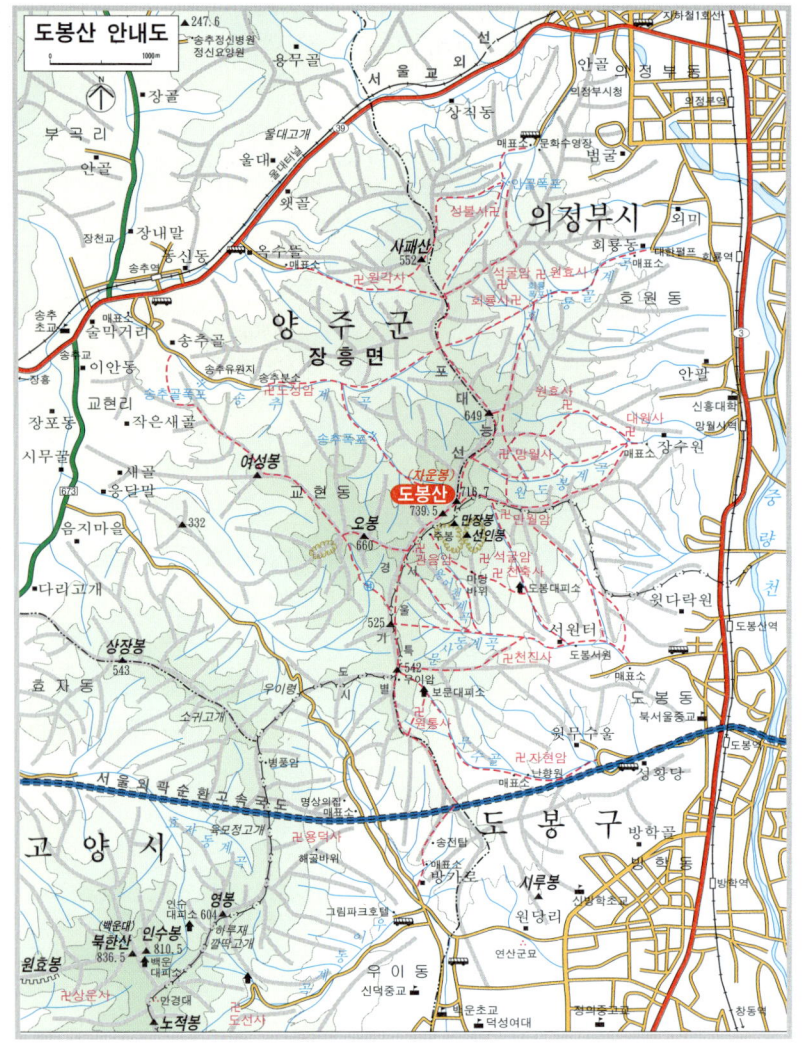

보여준다. 하여 설악처럼 험상궂은 것을 남성적, 소백처럼 유순한 것을 여성적이라고 하는 서양식 산평(山評)의 오류까지 바로잡아주고 있다.

"도봉." 그렇게 부드러울 수가 없다. 부드러운 느낌의 효과를 노려 프랑스말을 빌어 온 어느 회사의 화장품 이름 "드봉"의 모델처럼 고혹적이기까지 하다. 오봉 뒤켠에 여성의 가장 은밀한 부분을 빚어 놓은 사실을 모르더라도 도봉은 영락없는 여인이다.

    그 여성스러움 때문에 도봉은 이 땅에서 가장 등산로가 촘촘한 산, 가장 사랑받는 산이다. 주말에는 말할 것도 없고 평일에도 산길과 암릉에 도봉의 애인들이 줄을 선다. 삼백예순 날을 거르지 않고 찾는 이들도 있고 선인봉만 오르는, 인수파 없는 선인파도 도봉이기에 있다.

    산은 높아야 골이 깊고 도회에서 멀어야 호젓하다지만 꼭 그렇지만도 않다. 도봉은 2천만 수도권 사람들의 도시공원이 되었어도 아직 그대의 꿈 꿀 공간은 마련해두고 있다. 그리고 시처럼 완벽하다. 도대체 740m, 24km²의 산이 바위, 폭포, 새, 그리고 시까지 갖추고 있는 데가 세상에 또 어디 있단 말인가.

"산그늘 길게 늘이며 붉게 해는 넘어가고 황혼과 함께 이어 별과 밤은 오던" 다락원의 불빛과 만장봉. 도회지가 이렇게 가까운데도 도봉산에는 설악산 못지 않은 호젓함이 있다.

TOUR POINT

도봉산 여행 포인트

| 찾아가는 길 |

지하철을 이용하는 것이 가장 편하다. 지하철 1호선과 7호선이 도봉산역에서 만난다. 원도봉으로 가려면 1호선 망월사역에서 내리고, 회룡골이나 사패산으로 가려면 1호선 회룡역에서 내린다.
송추골은 의정부북부역 부근에 있는 시외버스터미널에서 서울 불광동행 시외버스(34, 36번)를 타고 간다. 지하철 3호선 구파발역에서 704번이나 7023번(일영 경유) 시내버스를 타도 된다.

| 볼거리 |

도봉서원은 도봉동의 대표적인 역사유적이다. 조선 선조 6년(1573년) 기묘사화의 희생자 조광조를 추모하여 세웠고 숙종 22년(1696년)에는 노론정권의 거두였던 송시열을 병향했다. 서원을 두지 않았던 한양성에서 가장 가까운 서원으로 흥선대원군 때 철폐되었던 것을 1970년에 복원했다.
도봉산의 여섯 절은 특색 있는 내력들을 갖고 있다. 회룡사는 조선 건국을 전후해 무학대사가 머물렀고 왕이 된 이성계가 찾아와 '돌아올 회 回'와 '임금 옹 龍' 자를 썼으며, 망월사는 일제시대의 고승대덕 만공과 한암을 배출했다. 천축사는 한 번 들어가면 6년 동안 나올 수 없는 선방 무문관(無門關)으로 유명하고, 우이암 아래의 원통사는 원래 보문사라 하던 이름을 1990년대에 바꿨다. 가장 높은 데 있는 만월암에서는 깎아지른 선인봉의 옆면 경치가 일품이다.
원도봉 입구에 있는 엄홍길기념관은 의정부시가 한국인 최초로 히말라야 8000m 14봉을 완등한 엄홍길의 업적을 기려 그의 고향에 세운 것이다. 이곳에서는 히말라야 원정 자료와 비디오, 사진들을 볼 수 있다.

鷄龍山

지금까지 명멸한 화면을 반추하듯 돌아보는 계룡은 정말로 닭벼슬을 천황의 머리에 쓰고 있다. 그 볏은 오종종하니 가운데가 높은 암탉의 볏이다. "천황봉에서 삼불봉까지의 산세가 닭벼슬을 머리에 쓴 용 모양이어서 계룡이라는 이름이 붙었다."는 계룡산의 감상법이 완성되는 순간이다.

03

닭벼슬을 머리에 쓴 해동의 용
계룡산

첫눈에 꿈틀거리는
　　　용의 움직임이 느껴지는 계룡산

계룡산은 용이다. 용도 그냥 용이 아니라 닭벼슬을 쓴 용이다. 삼국시대부터 천하에 알려진 해동의 명산이다.

첫눈에 꿈틀거리는 용의 맥동이 느껴지리라. 동학사골을 가로막은 채 하늘 높이 굽이치는 그 장엄한 산용(山容)을 본 이는. 하여 동학사를 지나고 애틋한 전설이 어린 남매탑을 보고 금잔디고개를 넘어 갑사에 이르면… 두 시간 반 만에 용은 사라지고 허망한 마음은 "두 번 다시 찾지 않으리라." 오금박고 있다.

용두사미, 용을 보러 왔다가 뱀꼬리만 지났던 까닭이다. 아니 그것이 용인지 뱀인지 상호(相好)도 보지 못했다. 그 등성이만 대하고서 남들이 용이라 하니 용이겠거니 하고 한 번 타넘었을 뿐이다.

밟은 것이 용인지 이무기인지 확인하려면 그 정면, 신도안으로 가야 한다. 그런데 그곳은 1986년에 3군사령부가 들어서면서 "외부인 출입 절대불가 지역"이 됐다.

그렇다고 하릴없이 주저앉아 있을 수만은 없다. 용을 잡아죽인 지그프리드의 용기로 신도안행 버스를 탄다.

천황봉(845.1m) 남동쪽의 분지 신도안은 이 땅에 짝이 없는 곳, 명산 상봉 남쪽에 3백만 평쯤의 들을 가진 승지다. 물은 굽이굽이 동쪽으로 흘러가고 입구는 첩첩산산, 삼재(三災)를 막았다. 좀 트이기 시작하는 대전 가수원까지 50리가 그대로 심산유곡, 해오라비 거니는 냇가에서 천렵하는 비경의 연속이다.

풍수들은 이 땅에, 태양 같은 용이 여의주를 갖고 노는 일룡농주형과 금닭이 알을 품은 금계포란형의 명당이 있다고 한다. 믿는 이가 아니라도 더

할 나위 없는 복지(福地)임을 짐작하고도 남을 것이다.

　승지임을 증명하듯 버스는 가수원에서 신도안 발원의 갑천 따르기를 거부하고 산자락들을 자르며 달린다(대전시민회관 앞에서 탄 경우다). 아홉 봉우리가 일렬로 선 구봉산(264m)을 사열한 뒤 대고개, 저수지를 지나 엉고개, 산 넘고 물 건너 갑천과 만날 즈음 어귀에서 창날을 세운 바위산과 마주친다. 임금을 지키는 산 위왕산(衛王山)이다.

눈꽃이 핀 삼불봉능선 소나무 아래서 기념촬영을 하는 등산인들. 쌀개봉으로 뻗은 능선이 눈구름에 가려 있다.

　이 땅의 전형적인 경치 모델 '이발소그림'을 꾸며 놓은 듯한 위왕산(267m)은 구봉산과 함께 갑천으로 다섯 개의 발가락을 내밀었다. 맨 뒤엣것, 중뫼로 가는 가락은 500m 거리를 물이 3km나 돌도록 깊숙이 빗장을 질

렀다. 맞추어 남쪽에서도 다섯 산굽이가 뻗어와 "출입금지" 깍지를 꼈다.

  삼엄한 지킴이들을 뒤로 하고 우백호의 끝 돌뿐이를 들어서면 천황은 위용을 드러내기 시작한다. 용안을 배알할 자리는 어딘가? 한국통신 남선지점 뒷동산이다. 그것은 주상(主上) 천황이 조신(朝臣) 위왕과 마주할 때 놓는안상(案上)이기도 하다.

  책상다리를 하고 우러러보는 천황은 680m 높이의 피라미드. 태양의 아들 파라오의 위세에 고개를 들 엄두가 안 난다. 가장 크다는 쿠푸 왕의 그것(높이 135m, 밑변 230m)보다 다섯 배가 높은데 덩치로 따지면 무려 3148배나 크기 때문이다.

  손 벨 듯 내리닫던 남릉과 동릉의 하늘금은 땅과 만나면서 서남릉과 쌀개봉 동릉으로 이어나가고 있다. 그 넌출넌출 뻗어가는 줄기 뒤로는 삼불봉(775m)과 신선봉이 빨랫줄 너머로 얼굴을 내민 누이의 모습을 하고 있다. 이른바, 꼬리가 머리를 보는 회룡고조(回龍顧祖)요, 그 용그림을 완성하는 화룡점정이 아닐 수 없다.

  그렇다면 드래곤볼 여의주는 어디에 있는가. 피라미드의 발치, 들판이 시작되는 곳의 솔 푸른 똥산이다. 이름하여 알봉(177m). 천황 파라오가 동남릉의 긴 혀로 이리 궁글 저리 궁글 하는 구슬이다. 봉건시대의 매직 아이라

할 풍수지리에 뜨인 눈이 이윽고 파라오를 그 무덤 피라미드에서 끌어낸 것이다.

맞추어 눈은 피라미드를 파라오의 얼굴을 본뜬 인두사신(人頭獅神) 스핑크스로 바꾼다. 하여 4000년 전에 죽은 태양의 아들을 일룡(日龍)으로, 계룡의 천황(天皇)으로 환생케 해 혀밑샘 암용추, 귀밑샘 숫용추에서 끊임없이 침을 흘리며 알봉의 구슬을 희롱토록 한다.

이제 '자연 속의 숨은 그림 찾기' 하나는 풀었다. 또 하나, 금닭이 알을 품고 있는 형국은 어디를 가리키는가?

풍수지리에서는 그것을, 암탉이 알을 몸으로 싸고 발로 싸고 날개로 싸듯, 겹겹이 고만고만한 산들이 에워싼 모양으로 그려놓고 있다. 이를 떠올리며 보면 알봉은 주변으로 안산을 포함한 다섯 개의 야산에, 조금 뒤로 여덟 개의 중산에, 그리고 마지막으로 험준한 신도안의 좌우 산맥에 둘려 있음을 알게 된다. 여의주 알봉이 바로 금달걀인 것. 금상첨화에 일석이조의 명혈이라 아니할 수 없다.

계룡팔경, 백제인의 넘치는 예술감각을 낳은 자연의 절묘한 구성

옆구리를 보고 얼굴까지 보았지만 그래도 미심쩍은 이는 그 등을 타고 걸어볼 일이다. 천황봉에서 장군봉까지다. 그렇지만 천황봉은 갈 수 없는 — 지금은 갈 수 있다 — 하늘, 황적봉에서 시작하는 대신 그 중허리 관음봉 팔각정에서 하룻밤을 묵으며 계룡팔경에 끼는 연천봉 낙조와 관음봉의 한가로운 구름을 감상할 것이다. 거기다 첫날 은선폭포의 물안개에 마른침을 삼키고 이튿날 이른 아침에 천황봉 일출을 제2봉 쌀개봉(827.8m)의 떠오르는 해로 바꿔 본다면 팔경 중 반은 즐기게 된다.

관음봉에서의 경치보기의 백미는 장군봉 쪽의 겹겹능선이다. 혹은 바나나킥으로 돌고 혹은 배부른 등성이를 이루고, 혹은 파도머리처럼 솟고 혹은 곧장 뻗어나간 산릉들이 치렁치렁 흘러내려가는 위에 장군봉이 섬처럼 떠 있는 그 풍경이야말로 백제인의 넘치는 예술감각을 낳은 자연의 절묘한 구성이 아닐 수 없다.

계룡팔경의 나머지 넷은 삼불봉 설화, 남매탑의 달, 동학사의 신록과 갑사계곡의 단풍이다. 때 맞춰 찾아보자 다짐하고 걸음발을 팽팽히 하면 장군봉이다. 드디어 스크린에 자막이 올라가는, 영화 감상에 있어서 가장 중요한 시간이다.

산불봉과 장군봉 사이의 바위지대.

지금까지 명멸한 화면을 반추하듯 돌아보는 계룡은 정말로 닭벼슬을 천황의 머리에 쓰고 있다. 그 볏은 오종종하니 가운데가 높은 암탉의 볏이다. "천황봉에서 삼불봉까지의 산세가 닭벼슬을 머리에 쓴 용 모양이어서 계룡이라는 이름이 붙었다."는 계룡산의 감상법이 완성되는 순간이다. 그때 마음의 눈은 용의 꿈틀거림을 보았던 첫눈의 백태를 벗고 요동치는 꼬리 장군봉의 흔들림까지 느끼리라.

계룡을 가장 계룡답게 하는 그 능선 물결은 이제 '관음봉 백미'의 뒷면을 선보인다. 그래 산릉은 맥놀이를 하면서 자작바위능선은 삼불봉으로, 황적봉능선은 쌀개봉으로 치올라가 천황의 정수리로 수렴한다.

계룡산은 동남과 동, 북쪽을 갑천과 그것이 합해지는 금강이 경계를 짓는다. 서쪽은 널치 남북 쪽에서 거의 일직선을 이루는 노성천과 혈저천이, 서남은 양정고개와 연산천이 가를 이루니 그 면적은 532.5km²쯤 된다. 반면 국립공원으로 지정된 면적은 61.12km²다.

　인공물로는 호남선과 23번 국도가 거의 정확하게 동서남쪽 테두리를 짓고 북쪽을 금강이 막아 변변치 못한 지도에서도 계룡의 경역은 금방 눈에 띈다. 행정구역으로는 공주시와 대전시, 논산시 두마면, 상월면, 연기군 금남면에 걸쳐 있다.

　계룡산 안통의 물은 남·동·북·서향하는 갑천~금강을 따라 서해로 흘러간다. 이때 산줄기는 신도안을 고사리처럼 싸고 돌다 남쪽으로 뻗어간다. 이른바 산태극·수태극의 형국이다. 거시적으로는 장수 수분리(물뿌랭이)에서 발원한 금강이 계룡산을 돌아 서해로 빠지는 것과 계룡산에서 장수 장안산까지 남행한 금북정맥 및 거기서 속리산까지의 백두대간을 합한 모양이 산태극·수태극이요, 회룡고조의 산세라고 한다.

　회룡의 또아리 가운데는 심우정사(尋牛精舍)가 있다. 삼불봉 중턱에 있는, 소를 찾듯 불법을 갈구하며 공부하는 집이다. 마루에는 언제나 보글보글 차가 끓고 옆에는 "심우정사차입니다. 한 잔 드세요."라고 쓰인 쪽지가 붙어 있다 (지금은 여승의 선방이 되어 일반인의 출입을 금지한다).

　두충나무가 발처럼 가린 전경(前景)은 수채화처럼 맑은 옥전(沃田)식 산수화다. 바람 같은 산세는 관음을, 쌀개를, 마음을 쓸어내리고 아래채 지붕 같은 황적봉 능선 위로 우뚝한 천황은 그 장엄한 자락을 동릉으로 풀어내리고 있다. 어디서 양희은의 '한계령'이라도 들린다면 금방 눈물이 쏟아질 것 같은, 슬픔의 심연에 닿아 담담한 풍경이다. 계룡의 속모양이다.

　그냥 편안하다는 이들도 있다. 태극이라는 것이 원래 자궁 속의 아기를 형상화한 것인 바 그 속에 있기 때문이리라. 지붕 같은 능선이 휑하지도 답답하지도 않아 차분함을 주기 때문이리라.

계룡산은 원래 백제의 용이었다. 한성을 고구려한테 뺏기고 웅진으로 서울을 옮긴 문주왕 원년(475년)부터 백제 사람들의 정신적 의지처였다. 63년 뒤인 성왕 16년(538년)에 사비로 도읍을 옮긴 뒤에도 달라지지 않았다. 그래서 마지막 왕자인 융은 나라가 망하자 이 산으로 피해 당나라군에게 잡히기 전까지 머물던 암자에 고왕암(古王庵), 잡히는 순간 쌀개봉에서 추락한 애마는 마명암(馬鳴庵)의 전설을 남겼다.

이런 까닭에 계룡이 나중에 신라 5악의 하나로 된 일은 자락 사람들에게는 차라리 치욕이었을 것이다. 나라가 망한 설움을 싣던 그 성산까지 '원수'들이 '벼슬'을 내려 '황국신민'으로 만들었기 때문이다.

좋은 예가 남매탑이다. 5층(현재 남아 있기로는 4층)과 7층의 두 탑 중 5층탑은 백제탑의 표본인 부여 정림사지 탑식을 따랐고 훨씬 뒤에 세워진 7층탑은 간데없는 신라식인데, 지배자의 위세 과시가 목적인 신라인들은 5층탑보다 더 높은 탑을 세우기 위해, 힘 뻗치는 3층을 정형으로 하던 관습을 미련없이 버리고 7층탑을 쌓은 듯하다.

그렇지만 계룡 사람들은 백제 왕족과 상주 규수의 러브스토리로써 관계를 반전시켜 버린다. 심정적으로는, 적어도 그들의 성산에서만큼은 신라를

동학사골을 가로막은 채 하늘 높이 굽이치는 계룡의 맥동

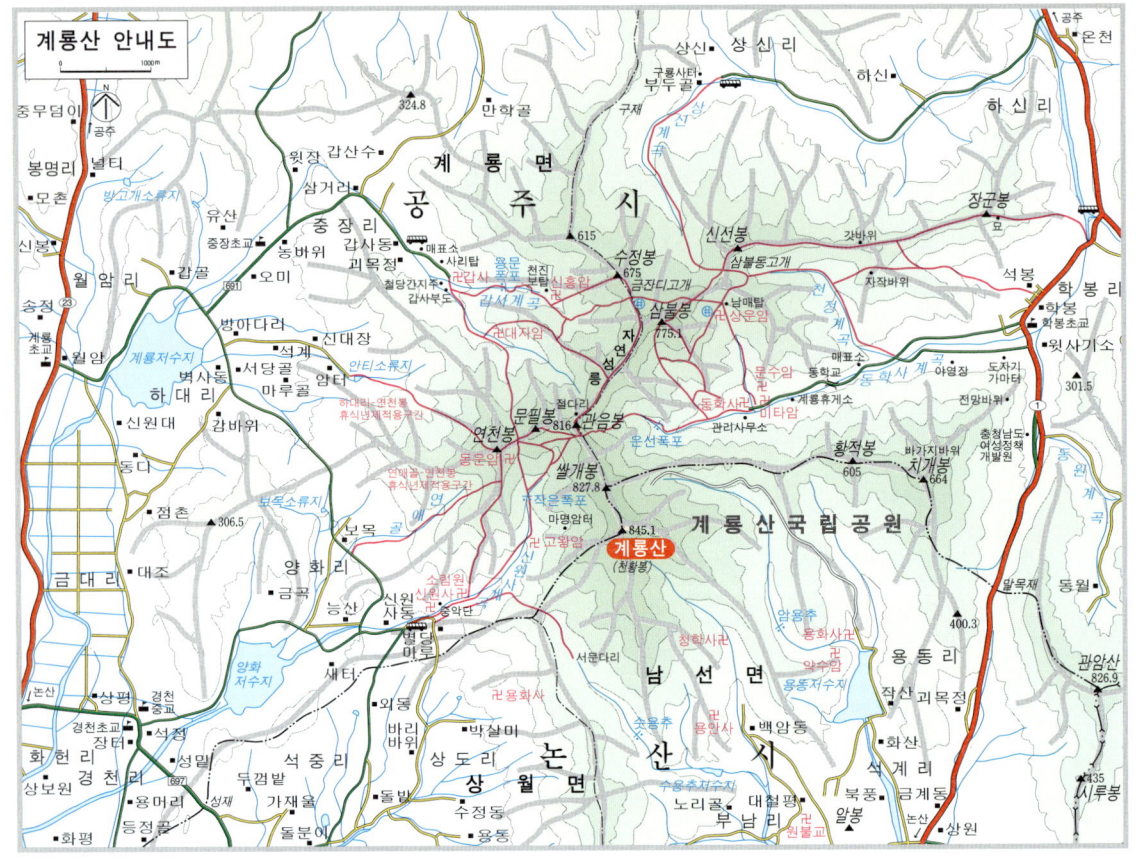

'정복'한 것으로 픽션화시킨 것이다. 신라 서북단의 상주는 통일의 전진기지이자 가장 중요한 군사 거점도시였다.

이런 자존심은 기어이 계룡을 왕으로, 왕도의 진산으로 만들고 만다. 『정감록』이라는 금서(禁書), 비기(秘記)를 지어 "이씨왕조는 400년 만에 끝나고 정씨가 나타나 계룡산에 도읍한다."고 입에서 입으로 퍼뜨렸던 것이다. 나아가 남북계룡설까지 지어내 이 남계룡에 대해 북계룡을 설정, "만주는 우리땅!"이라고 외쳐댔다. 계룡의 용틀임하는 산세가 없었다면 엄두도 못냈을 일이다.

숨었다 나타났다, 작아졌다 커졌다, 짧아졌다 길어지는 것을 자유자재로 하는 것이 용이라 한다. 한자 낱말풀이사전 『설문해자(說問解字)』에 나오는 소리다. 그러니 계룡을 찾는 이는 모름지기 용처럼 계룡을 볼 것이다.

  구름에 가려진 상봉을 열 배로 높여도 보고 풀초롱꽃 속에서 우주도 발견할 일이다. 50리 갑천을 따라 걸으며 과정의 유현함과 산의 속깊음도 느껴볼 일이다. 그 끝의 그대는 가슴에 히말라야도, 만주도 모두 품은 작은 나라 큰사람이 되어 있을 것이다.

계룡산은 설경이 좋은 사철 등산지이다.

TOUR POINT

계 룡 산 여 행 포 인 트

| 찾아가는 길 |

산이 대전과 논산 사이에 있으니 접근도 양방향에서 할 수 있다.
승용차 : 대전 방면은 호남고속도로 유성나들목, 논산은 23번 국도를 이용하면 편리하다.
대중교통 : 대전 방면은 언급할 필요가 없을 것이다. 공주 방면은 서울(남부터미널·동서울터미널), 인천, 대전, 수원, 성남, 청주, 원주, 오산에서 직행버스가 다닌다. 직행이 없는 지역에서는 일단 대전으로 가 하루 110회 운행되는 공주행으로 갈아타면 된다.

| 볼거리 |

계룡팔경은 ① 천황봉 일출, ② 삼불봉 설화, ③ 연천봉 낙조, ④ 관음봉 한운(閒雲), ⑤ 동학사 신록, ⑥ 갑사계곡 단풍, ⑦ 은선폭포 운무, ⑧ 남매탑 명월이다. 동학사에는 신라 박제상을 모신 동계사(東鷄祠), 길재가 공민왕과 포은 정몽주를 제사지낸 삼은각(三隱閣), 김시습이 사육신의 초혼제를 지냈던 숙모전도 있다. 갑사에는 보물이 많다. 철당간과 지주(보물 제256호), 부도(보물 제257호), 감지은니(紺紙銀泥)묘법연화경 2장(보물 제269 및 제270호), 동종(보물 제478호), 선조 2년간(刊) 월인석보판목 31장(보물 제582호) 등이다. 신흥암 뒤편에는 자연석탑 안에 석가의 진신사리를 봉안했다는 전설이 있는 천진보탑이 있다. 신원사에는 조선시대에 계룡산신에게 제사를 지내던 중악단(中岳壇)이 있다. 이곳은 보물 제1293호로 지정되어 있으며 신라 5악에서 유래한 산악숭배의 흔적이다.
원이름이 청량사지5(7)층석탑(보물 제1284(5)호)인 남매탑의 누이탑은 사실 4층이다. 한 층을 잃어버린 것이다. 느티나무 고목들 사이에 나란히 선 두 탑에는 이름처럼 가슴 찡한 전설이 서려 있지만 사실은 먼저 있었던 백제계 5층탑 옆에 신라인들이 7층탑을 세워 산 속에서까지 정복자의 위세를 과시한 것이다.

月出山

시루봉, 매봉, 연실봉, 사자봉… 기라성 같은 준봉들을 정복하고 코밑에 섰을 때도 천황은 추호의 위의(威儀)를 흐트리지 않았다. 비석거리 같은 향로봉 끝에서나 시리봉 마애불의 미소 앞에서도, 그것은 언제나 파라오의 위세를 드러낸 피라미드일 따름이었다.

04

돌불꽃 하늘 찌르는 남도의 천황

월출산

나무보다도 돌보다도
　　많은 바위들이 기경을 이루는 월출산

그건 천황(天皇)이었다. 신북 성산리를 지나 장산고개에 올라서는 순간 문득 나타나는 월출산(808.7m)은, 한울님도 아니고 대통령도 아니고 어머니는 더더욱 아니었다. 철갑을 두른 장수들의 호위 속에 저 높이 솟은 하늘의 황제였다.

　시루봉, 매봉, 연실봉, 사자봉… 기라성 같은 준봉들을 정복하고 코밑에 섰을 때도 천황은 추호의 위의(威儀)를 흐트리지 않았다. 비석거리 같은 향로봉 끝에서나 시리봉 마애불의 미소 앞에서도, 그것은 언제나 파라오의 위세를 드러낸 피라미드일 따름이었다.

　그렇다. 월출은 천황이다. 무안, 영암, 장흥, 강진 등 남도의 파라오다.

　그렇지만 태양신보다 달의 신을 더 우러렀던 산 아래 사람들은 그 산을 달래산이라고 불렀다. 월나악(月奈岳), 월생산(月生山), 월출산(月出山)… 한자로 어떻게 씌었든 그것은 '달이 나오는 산' 달래산이었던 것이다(이 이름들은 이두로 씌어졌을 것인 바, 出이나 生은 새김으로 '날' 인 까닭에 달나산인데 자음접변과 전라도 말의 특징인 이모음 첨가현상이 적용되어 달래산이다).

　천황이 천황됨은 높음에만 기인한 건 아니다. 그 강파름에 있어서 그것은 한울님이나 어머니가 아니라 '님' 자도 붙이지 못하게 할만큼 무자비한 천황인 것이다.

　천황사에서 바람골을 지나 천황봉에 이르는 길은 도상거리로 800m쯤이다. 이 구간의 표고차는 610m, 탄젠트값으로는 0.7625고 기울기는 37도에 이른다.

　주 등산로가 이렇게 짧고 가파른 산은 이 땅에는 없다. 저 유명한 치악산(1288m) 사다리병창길은 직선거리 2056m쯤에 표고차 808m쯤, 바닷가라

구정봉 아래에 있는 용암사지 3층석탑. 탑신이 한 층밖에 남아 있지 않다.

서 급경사일 것 같은 남해 금산(701m)의 북쪽 길은 2200m에 601m, 섬산 성인봉(986m)은 저동에서 봉래골로 직상한다 해도 3800m에 986m다. 각각의 탄젠트값은 0.3931, 0.2732, 0.2595이며 기울기는 21, 15, 14도니 월출산과는 당최 겨루기가 되지 않는다.

이런 까닭에 팔백 몇 미터라는 해발값만 보고 가벼이 여긴 타지 사람들은 종종 혼겁을 하게 된다. 정상까지 내리막 한 번 없고 하산길에 오르막 하나 없는 강파름에 천황의 의미를 몸으로 깨닫는다.

반면 기슭 사람들은 다른 고장의 어떤 험산에 가더라도 힘든 줄을 모른다. 때로는 사자가 되기도 하는 천황이 제 새끼만큼은 철저하게 단련시킨 덕이다.

천황은 천황(天荒)이기도 하다.

갈래짐 없는 700m 위쪽의 정상피라미드는 단면으로도 삼각형을 이뤄 사방 어느 곳에서나 균형 잡힌 피라미드의 모습을 보여준다. 그것은 가까이 갈수록 더욱 사실적인 것이, 손 벨 듯한 사각뿔의 피라미드도 실제로는 수백만 개의 돌을 쌓아 만든 것임을 천황봉은 일깨워주기 때문이다.

그 돌무더기는 진짜 피라미드처럼 그로테스크하다. 나무는 보이지 않고 산죽이나 덤불이 먼지처럼 엎혀 희미한 푸른 기를 띠고 있을 뿐이다. 피라미드가 파라오의 권위를 위한 수천 수만 노예의 피땀의 대가임을 알았을 때 느끼는 소슬함이다. 그래서 천황인 것이다.

돌로 이루어진 것은 천황봉만이 아니다. 향로봉은 물론이고 양자봉, 시루봉, 문필봉(월각산) 등 월출산의 주요 봉우리들이 모두 돌로 되었고 불꽃처럼 하늘로 치오르고 있다. 풍수에서 말하는 이른바 석화성(石火星), 산봉이 예리함으로 특징지워지는 화성을 띠었다.

나무보다 많고 별보다도 많은 바위는 저마다 무언가를 닮았다. 각시도 닮고, 할미도 닮고, 메누리도 닮고, 춘향이도 닮고, 중뱅이도 닮았다. 산신도, 국사도, 장군도, 부처도 모두 바위로 변했는지 그렇게 불리고 있다.

사람만이 아니다. 개, 소, 말, 돼지, 개대기(고양이)에다 용, 범, 여시, 삵, 수달, 수리, 학, 황새에 비암, 두꺼비, 자래, 거북, 남생이의 바위 동물원까지 이룬다. 아울러 동구리, 맷돌, 구시, 불모(풀무), 생애(상여), 가매(가마), 농, 뱅풍(병풍), 소반, 널, 삿갓, 사모, 쪽도리, 떡시리에다 북, 간짓대, 칼, 가새, 거울, 책상, 통꼭지, 덕석(멍석), 마당, 짐돌, 오갈, 이불, 문, 문턱, 귀뚤(굴뚝), 봉창, 부석(부엌), 일산, 남바위의 민속박물관도 차렸다.

월출산의 나무보다 많고
　　　　별보다도 많은 바위는 사람도 닮고
동물도 닮았고 민속품들도 닮았다.

끈덕거리는 끈덕 · 깐닥 · 깔딱바위, 기름종이 같은 기름바위, 얼음 어는 얼음바위, 흩어져 있는 희서리바위, 얹혀 있는 연친바위, 소리나는 퉁 · 피싹, 소발자국 있는 우적 · 쇠대죽, 생긴대로 누렁 · 거무도리 · 흰덕 · 굴 · 쌍 · 한 · 대 · 선 · 들뜨리 · 둥글 · 진(긴) · 널쩍(널찍한) · 아홉 · 줄 · 애기업은 바위, 달맞이하던 월대바위, 베를 짜던 베틀바위, 종이 만들던 지침바위, 신틀 걸었던 신틀바위, 배를 맸던 배맨바위, 수좌(首座)스님 공부하던 수재바위, 청춘남녀 연애했던 사랑바위, 엽전꾸러미 증발했던 도둑바위, 벼락 맞았던

베락바위, 어릴 적 놀던 윷판·안질·노는·택걸이 바위들은 차라리 역사유물이다.

이런 바위들을 하루이틀에 다 볼 수 없음은 물론이다. 아니 일생을 두고 보아도 다 못 볼 지 모른다. 이는 월출산을 가장 많이 찾는 영암의 사진가 전판성 씨나 시인 박철 씨도 인정하는 면이다. 그렇다면 나그네는 가장 정채(精彩) 있는 부분을 찾을 일이다.

그곳은 광암(光岩)터다. 바람골 북쪽, 천황봉과 장군봉 사이의 능선 위에 있는 바위더기다.

무등산 서석대 같은 무등 태운 바위를 비롯해 왕관바위, 형제바위 등 온갖 형상의 바위들이 수석전시장을 이룬 광암터는 그 자체로 기경일 뿐 아니라 전망대로서도 따를 데가 없다. 건너편의 큰 수석들 시루 - 매 - 연실 - 사자의 연봉은 이 광암대에 섰을 때에만 그 진면목을 오롯이 보여주기 때문이다. 하여 그대는 월출산이 왜 금산(金山)이나 소금강산으로 불리워졌는가를 여기서 비로소 알게 되리라.

이런 월출산이니 문화유적이 없을 리 없다. 서호면 장천리에는 고인돌 무리가 있고 구림에서는 도

위. 암사지의 국보 144호 마애여래좌상.
아래. 도갑사 대웅보전.

요지와 칼의 주형인 용범(鎔範)이 나왔다. 아울러 1993년에 베스트셀러가 된 『나의 문화유산 답사기』의 저자 유홍준 씨가 남도답사 1번지로 꼽은 도갑사와 무위사를 품고 있다.

절은 간 데 없고 탑만 우두커니 서 있는 월남사지는 평지의 산 감상터로

는 덮을 곳이 없다. 주봉 천황의 좌우에 향로와 양자가 벌였고 가운데 골짜기의 깊숙한 장엄경이 시야를 압도한다. 이 절묘한 구도에 빠져들다 보니 뒤편 골짜기의 조그만 폭포와 담에 금릉경포대(金陵鏡浦臺)라는 분에 넘치는 이름을 붙인 것 같다.

월출산, 달래산은 그 기슭에 일찍부터 사람을 키웠다. 서북남 어느 쪽이랄 것 없이 너른 들과 그 들보다 더 너른 개펄바다를 펼쳐 "머루랑 다래랑 먹고 구조개(굴), 나마조개(해초) 먹고 살어리랏다" 흥얼대게 했다.

바람골 밑 개신리 앞들의 다리께까지 들어왔던 그 바다는 그러나 영산강 어귀에 방죽을 막으면서 시오리나 물러가 버렸다. 하지만 동호(리)와 서호(리), 해창이나 죽도, 배달리 등의 이름으로 그 자취는 아직껏 남아 있다. 어림잡은 해안선은 2만 5천분의 1 지도의 해발 10m선으로 여겨진다.

나는 것이 많고 사람이 끓으니 인물이 안 나올 리 없다. 대표적인 이가 일본에 논어와 기술을 전해준 왕인이다.

구림 열두 마을 성짓골에서 난 왕인은 400년경 백제 아신왕대에 왜국으로 건너간 것으로 알려져 있다(285년 고이왕대나 350년경인 근초고왕 때라는 설도 있음). 당시 국제무역항이었던 서구림리 상대포에서 배를 타고 가 선진 정치 이데올로기인 유교를 가르치는 동시에 왕의 정치고문 노릇을 했다고 한다. 아울러 동행한 기술자들과 종이와 토기 제작기술을 전수하여 고분시대로 일컬어지는 일본의 개화에 이바지한 것 같다.

아신왕 때 고구려 임금은 광개토왕이었다. 그 싸움 잘하는 이웃나라의 왕 덕에 백제의 수도 위례성의 선비와 벼슬

왕인 유적지 망월정으로 오르는 계단에 새겨진 천자문.

아치들은 마음이 편치 못했을 것이다. 해서 백제계의 왜왕 응신이 학덕 높은 사람과 기술자를 요청했을 때 수도 인근의 한강유역에서는 엄두를 못 내고 다음으로 문화가 높은 영산강유역의 왕인 박사를 천거했던 듯싶다.

587년 쇼토쿠 태자에 와서 비로소 고대국가의 면모를 갖춘 왜국은 당시엔 아직 부족국가 단계, 유력 호족들의 화백회의로 이끌어가던 사로 같은 나라였을 것 같다. 따라서 각 부족국은 중세 바쿠후(幕府) 시대처럼 경쟁적으로 문물 진흥을 꾀해 백제, 고구려, 신라, 가야 등 선진국의 이민 유치에 열심이었다. 그것은 동시에 자파 정권을 공고히 하는 방편이기도 했을 것인 바 왕인의 도일은 이런 맥락에서 이해되어야 할 것이다.

"수반(水盤) 위에 올려진 균형 잡힌 수석" 월출산,
너른 벌판에 불끈 솟은
　　골산(骨山)에 적합한 수식이다.

『진서(晉書)』와 『송서(宋書)』에는 413년과 478년 사이에 중국과 교류했던 왜의 5왕이 나온다. 그 중 마지막 왕인 무(武)는 478년에 한문으로 된 명문의 표(表)를 올리고 있다. 『삼국지』 위지 왜인전에는 30여 나라가 히메코라는 남편 없는 무녀를 왕으로 옹립하여 위와 통교를 청하자 '친위왜왕(親衛倭王)'이라는 칭호를 주었다고 한다. 600년에는 성이 아메, 호가 오오기미인 왜왕이 중국에 공물을 바쳤다는 기록이 나오는데 여기서 아메는 천(天), 오오기미는 대왕(大王)으로서 천황의 의미로 합해진다.

왕인의 도해(渡海)를 전후한 이 기록들로 볼 때 왜국은 백제가 국가를 정비한 고이왕(234~286년) 때쯤 부족연맹체를 형성했고 고이왕의 중계와 배제공으로 비로소 국제무대인 중국에 얼굴을 내밀었으며 왕인 등의 가르침

바위 웅덩이에 물이 고여 샘처럼 보이는 구정봉.

을 받아 외교문서를 작성할 정도로 문화수준이 올라 천황까지 자칭(自稱)하게 된 것으로 보인다. 그렇다면 월출의 천황이 일본의 천황으로 옮겨 앉은 것은 아닐까?

시인 박철은 월출을 "수반(水盤) 위에 올려진 균형 잡힌 수석(壽石)"으로 보았다. 너른 벌판에 불끈 솟은 골산(骨山)에 적합한 수식이다.

이 산을 빼다박은 수석이 있었다면 왕인은 아마 전 일본을 팔아서라도 샀을 것이다. 돌정고개를 넘어가며 뒤돌아보고 또 돌아보던 월출산을 그는 끝내 다시 보지 못한 채 오오사카 근처의 히라카타에 뼈를 묻었다.

1994년 이월 초하룻날 찾은 월출산에는 싸락눈이 날리고 있었다. 산죽에 내리는 그 소리는 명사십리에 비 떨어지는 풍경을 떠올리게 했다. 산 아래

사자마을 대밭에서는 대나무들이 수초처럼 흐느적거리고 있었다.

개꿈 꿀 때 나타날까 두려운 120m 높이의 구름다리를 지나면서 느낀 산의 인상은 '천불(千佛) 같다'였다. 갖가지 형상의 바위들이 부처의 느낌으로 다가왔던 것이다. 그런데 이틀 뒤에 만난 영암군 공보실의 박정운 씨 말로는 월출산이 천불산으로 불리기도 했다는 것이었다.

그렇다. 월출은 천불이다. 도갑사, 무위사 같은 절이나 구정봉, 시리봉, 칠치계곡 등 곳곳에 돌부처가 있어서만이 아니다. 60여 개의 터가 확인된 전설의 99암자, 그것을 일어나게 했던 산 아래 사람들의 믿음 속에서는 이 산이 바로 천불이 현신한 불국토였겠기 때문이다. 아아, 천황은 천불이었다.

TOUR POINT

월출산 여행 포인트

| 찾아가는 길 |

승용차 : 북쪽에서 가는 사람은 호남고속도로 광산나들목으로 나와 13번 국도를 타고 영암까지 간다. 서해안고속도로에서는 영산강하구언을 건너 2번 국도를 따라가다 학산에서 819번 지방도로 갈아탄다. 동쪽에서 가는 사람은 남해고속도로 광양나들목에서 2번 국도로 빠진 다음 학산까지 내처 달린다.

대중교통 : 일단 광주로 가야 쉽다. 영암행 버스가 1시간 간격으로 다닌다.
서울 강남고속버스터미널에서 영암행 고속버스(09 : 00, 15 : 35)를 이용한다. 영암에서 천황사 입구행 버스는 5회, 구림행은 20분 간격으로 있다.

| 볼거리 |

천황봉에서 구정봉으로 내려가는 길 옆에 있는 남근석.

바위에 웅덩이가 파여 '아홉 샘'이라는 이름을 얻은 신비로운 구정봉(九井峰) 아래에는 국보 제144호의 마애여래좌상과 용암사지 3층석탑(보물 제1283호)이 있다. 기슭의 구림리에는 봉건시대 민주주의의 단편인 500년 마을대동계 회관 회사정과 왕인박사 전설이 서려 있는 집터, 책굴, 돌정고개가 있고 그가 배를 타고 일본으로 떠났다는 상대포에는 누정을 지어 놓았다.
유홍준 교수가 『나의 문화유산 답사기』에서 '남도답사 1번지'로 꼽았던 도갑사에는 국보 제50호의 해탈문과 그 안의 목조동자상(보물 제1134호), 미륵전의 석조여래좌상(보물 제89호), 근래 보물(제1395호)이 된 도선수미비가 있다. 반면 무위사에는 맞배집의 최고로 꼽히는 극락전(국보 제13호)과 그 안의 목조아미타삼존불좌상(보물 제1312호), 아미타후불벽화(보물 제1313호), 그 뒷벽의 백의관음도(보물 제1314호), 해체되어 보존각에 들어가 있는 내벽4면 벽화(보물 제1315호)가 있다.
선각대사편광탑비(보물 제507호)는 왕건과 궁예의 권력다툼이 한창일 때 왕건을 대신해 죽은 선각대사 형미를 위해 세운 것이다. 그는 왕건의 요청으로 8년간 여기 머무르며 절을 크게 일으키기도 했는데 사람들이 궁금해하는 점은 어떻게 후백제땅에 왕건이 세력을 부식(扶植)할 수 있었느냐다. 학자들은 옹관묘의 주인공 마한세력이 전라남도에 400년대 말까지 있었다고 보는 바 그래서 400년경 일본으로 간 왕인 이야기가 『삼국사기』 백제본기에 낌새도 없고 900년경의 왕건이 견훤의 뒤통수를 칠 수 있었던 듯하다.
월남사터에는 고려시대에 되살아난 백제문화의 유령 모전석탑(보물 제298호)이 있다. 치마 말기를 맵시 있게 동여맨 듯 호리호리한, 백제 지역에서만 보이는 5층탑을 매화나무 꽃비 내릴 때 한 번 찾아보기를 바란다.
유명하지도 않고 문화유적도 없지만 가 볼 만한 데는 영암공원이다. 옛날 영암의 동헌과 객사가 자리했던 거기야말로 월출산 최고의 전경을 감상할 수 있는 곳이기 때문이다. 비가 뿌려 산행을 할 수 없는 날, 500년생 노송 100여 그루에 싸여 있는 그곳의 정자에 오르면 시가 절로 나올 것이다.

北漢山

바위의 성 북한산. '메 산' 자의 본이며 3자의 형세로 일어선 삼각산. 그 험함에 의지하여 외적에 대비한 산성의 산. 천만 도읍의 진산으로서 그들에게 놀이터를 제공하는 사람의 산. 이 나라가 작다고 여겨져 섭섭한 이는 북한산을 보라. 그리고 에베레스트로 가라.

바위성으로 솟아오른 서울의 찬가

북한산

05

험준한 산세, 경사가 심한 암벽,
　　서울 시민의 등산코스로 사랑 받는 북한산

북한산은 성(城)이다. 서너 길 높이의 평지성 정도가 아니라 500길쯤 되는, 올려다보기조차 고개 아픈 험준한 성이다. 그 아래 서울을 보듬은 수호의 하늘이다.

높은 것은 멀리 뻗친다. 저 옛날 송악의 보부상들이 임진나루에 다다르면서부터 가장 먼저 떠올라 가장 늦게까지 빛나던, 사막의 등대 미나렛 같은 존재였다. 품계에 맞춰 늘어선, 문무백관 같은 겹겹의 야산 위에 북두처럼 우뚝한 제왕이었다. 그 모습은 안승일 씨가 사진집 『삼각산』을 만들기 위해 보던 때나 지금이나 변함이 없다.

파주벌을 지나 금촌 어름에서는 장엄하던 제왕이 불칼처럼 사나와지며 마왕으로 변한다. 그 마왕이 벽제 지영리에서는 곡릉천 잔잔한 봇물에 동화의 성으로 비친다.

고양 삼송동에 이르면 북한산은 이제 하얀 속살을 내보인다. 백악(白岳)이라는 새끼산의 이름처럼 눈부신 화강암이 푸른빛을 압도한다.

이후 북한산은 더 이상 보여주지 않는다. 박석고개를 넘으면서부터는 산자락으로 휘감아 끝동만 더듬게 한다.

성은 바위로 되었다. 유리처럼 매끄러워 그 누구의 범접도 허용하지 않은, 그야말로 금성철벽(金城鐵壁)이었다.

"북한산을 오르는 자 삼한을 얻으리라."

하늘의 소리는 진흥왕을 꾀었다. 그러나 그는 남서쪽 작은 가지밖에 못 올랐다. 그곳에 정복기념비, 진흥왕순수비까지 세웠으나 얻은 땅은 임진강까지 그쳤다.

팔백 몇 십 년 뒤 이성계라는 사나이가 마침내 북한산을 올랐다. 그 끝에

서서 "뭇 뫼히 저곰을 한 번 보고" 기념비 대신에 시 '등(登)백운봉'을 남겼다.

댕댕히 휘어잡고 상상봉 올라가니/조용한 암자 한 채 구름 속에 누웠구나/눈앞에 보이는 땅이 내것이 될 양이면/초월강남(楚越江南) 면먼덴들 어이 아니 안 가리

그리고 온 나라를 얻었다.

북한산은 삼각산으로 불리기를 좋아한다. 백운대(836.5m)·인수봉(810.5m)·만경대(799.5m)나 만경대·노적봉·백운대가, 인수봉·백운대와 그 사이봉이 보는 각도에 따라 자리바꿈을 하며 세 뿔처럼 보인다고 해서가 아니다. 그것은 백운대에 비스듬히 기댄 인수봉이나 위문 잘루목을 칼로 끊고 도망가려는 만경대의 불완전함을 맏형 백운대가 아울렀을 때만이 도도히 흐르는 한강에 걸맞는 구족(具足)함을 갖추기 때문이다. 하여 북한산은 가운데 있는 것이 높고 양쪽 것은 낮은, 왼쪽 것이 유난히 좌로 기울면서 나머지 둘도 왼쪽을 보는, 메 산 山 자의 본을 이룬다. 이쯤에 이르면 그대는 북한산이 나면서부터 도읍을 품을 팔자였음을 인정하지 않을 수 없으리라.

삼각산, 북한산의 3자 팔자는 그 형국을 보면 더욱 두드러진다. 500m 이상의 높이로 볼 때 북한산은 영락없는 3자 형상을 하고 있는 것이다.

상장봉(543m)에서 시작하는 3자의 첫 획은 552봉에 이르러 잠시 끊어진다. 영봉에서 다시 이어진 선은 백운대, 인수봉, 만경대의 800m급 봉군(峯群)으로 중심을 튼튼히 한 뒤 비봉(560m)까지 끊어지지 않는 두꺼운 획을 그어 삼각산을 3자 산이 되게 했다.

삼각산만 이야기하면 보현봉(727m)이 섭섭해한다. 북 백운이면 남 보현이기 때문이다. 그 보현은 수도 서울의 주산 백악(342.4m)의 어미산이기도 하다.

보국문 근처에서 본 눈 덮인 삼각산. 병풍암과 만경대리지, 백운대, 인수봉이 아득히 멀리 있는 것처럼 보인다.

"해는 낙산에서 떠 인왕으로 진다."고 믿었던 한양성 사람들에게는 보현봉이 곧 북한산이었다. 인왕산 옥류동이나 백악 기슭의 삼청동에서만 해도 충분히 맑음을 즐길 수 있었던 그들은 비경을 찾는 원족(遠足)이라 해야 겨우 자하문 밖 세검정쯤이었는데 이때 그들이 본, 백악과는 비교도 할 수 없이 높고 험한 보현봉을 북한산 제일봉으로 여긴 것은 당연한 일이다. 그들은 또 이성계가 서울을 한양으로 옮긴 때부터 1960년대 초까지 서울의 둘레가 동 중랑천, 서 망원동, 남 한강, 북은 보현봉에서 동서로 뻗은 능선이었기 때문에 혹시 미아리 고개에서 저 멀리 보현봉보다 높은 듯한 산을 보았다 해도 그건 서울의 산이 아니라 경기도의 산으로 치부했을 터였다 (조선시대에는 성밖이라도 앞에서 말한 범위까지는 성저라고 하여 한성부가 관할했다).

굽어 돌아간 길과 미루나무가 고향을 떠올리는 대서문 일대. 봄이 오면 이 북한동은 살구꽃 피는 마을이 된다.

바위의 성은 진짜 성을 만들게 했다. 삼각의 천험과 3자의 두름이 있는데 도읍의 진산으로서 성이 안 만들어진다면 그게 오히려 이상할 것이었다. 그리고 여기서 3자의 오묘한 원리가 다시 한 번 진가를 발휘했다.

3자의 윗아귀에 들어 앉은 산성과 한성 사이에는 평창골이라는 아랫아귀가 있다. 그 입구만 막으면 평지성 한성의 사람과 재화는 고스란히 산성으로 입보(入堡)할 수 있다. 이런 슬기 아래 북한산성과 한성 사이에 탕춘대성이 쌓아졌다. 세 성이 붙은 3성 방어전략인 셈으로 삼각산의 3자 원리가 아니고는 꿈도 꿀 수 없는 일이다.

북한산은 12종산(宗山) 중의 하나다. 이 땅 산의 조종(祖宗) 백두산이나 거기서 뻗어내려온 백두대간 위의 분기점들인 원산(圓山), 낭림산, 두류산, 분수치(추가령), 태백산, 속리산, 장안산, 지리산은 모두 자격이 충분한데 반해 그런 지위에 있지 않음에도 금강산, 오대산과 더불어 종산의 반열에 들었다. 천하명산 금강이야 중원(中原)과도 바꿀 수 없는 보배고 오대산은 또 불법

지는 햇살을 받아 선명히 드러나는 매봉, 원효봉 실루엣과 북한산에서 두 번째로 코스가 많은 노적봉의 클라이머.

의 보고니 종산이 되고도 남을 것이다. 그런데 북한산은 이것도 아니고 저것도 아니면서 종갓집산이라는 높은 자리에 올랐다.

이유는 앞에서 말한 삼각과 3자의 원리가 그 아래의 땅에 도읍지로서의 필요충분조건을 만들어주고 있어서였다. 작은 풍수는 집자리, 묘자리를 잡고 큰 풍수는 도읍터를 잡는데 그 도읍을 있게 한 명산이니 종갓집산으로 승격시키지 않을 수 없었던 것이다.

위치는 한북정맥의 주룽에서 약간 비껴난 자리다. 정맥의 줄기가 의정부에서 포천으로 넘어가는 축석고개와 불곡산을 지나 도봉산, 우이령을 거쳤다가 552봉에서 노고산으로 뻗어가기 때문이다. 북한산은 엄밀히 말하면 우이령에서 상장봉을 지나 솔고개까지만 한북정맥에 걸치고 있는 것이다.

산성이 된 바위성은 싸움에는 한 번도 써먹지 못했다. 그러나 그것은 노는 데에는 더할 나위 없이 좋게 되어 있다. 바위타기를 즐겨 하는 사람들에게 있어서는 더욱 그렇다. 백운대, 노적봉, 백악, 인왕산 그리고 여타의 작은 바위들과 아슬아슬한 암릉에 이르기까지 천지가 놀이터인 까닭이다.

이들은 그 기술로 이 성계가 남겨 놓았던 삼각산의 마지막 과제인 인수봉을 500여 년 만에 올랐다. 그리고 그것을 바탕으로 세계 최고봉을 정복했다. 하늘의 계시가 그것까지 암시했는지는 모르지만. 어쨌든 북한산은 전 세계적으로도, 거대도시 안에서 바위타기를 할 수 있는 거의 유일한 성채로 추앙받고 있다.

북한산은 바위 타는 사람에게만 좋은 놀이터는 아니다. 사방팔방으로 갈라진 능선들과 그 사이의 계곡들이 사철 사람들에게, 값으로 따질 수 없는 즐거움을 준다. 모두 합해 한 해 440만 명이 나름대로 북한산을 사랑한다.

성 안에는 마을이 있다. 대서문 안통 비교적 너른 골짜기에서 40여 가구가 농사도 짓고 산것도 하며 누대를 살아왔다. 1991년에는 이 마을 사람이 스물한 뿌리의 산삼을 캐 화제가 되기도 했다. 사람을 즐겁게 하는 북한산은 이렇게 사람을 살리기도 한다.

바위의 성 북한산. '메 산' 자의 본이며 3자의 형세로 일어선 삼각산. 그 험함에 의지하여 외적에 대비한 산성의 산. 천만 도읍의 진산으로서 그들에게 놀이터를 제공하는 사람의 산.

이 나라가 작다고 여겨져 섭섭한 이는 북한산을 보라. 그리고 에베레스트로 가라. 뜨인 자라면 그대는 자금성의 어마어마한 궁궐이 왜 광화문 기념비각의 완벽한 아름다움을 따르지 못하는지 알게 되리라.

1990년대에 복원된 북한산성과 대남문.

TOUR POINT

북한산 여행 포인트

| 찾아가는 길 |

이 산은 남북으로 길게 뻗어 있는 까닭에 동서로 접근한다.
동쪽에서 가장 붐비는 우이동은 지하철 4호선 수유역에서 101, 1121, 1217, 1218번 버스로 연결된다. 수유동에서 갈 경우는 4·19탑 앞에서 내린다. 정릉으로 가고싶으면 지하철 4호선 돈암(성신여대입구)역에서 171, 1013번 버스를 타고 간다.
서쪽의 북한산성은 지하철 3호선 구파발역에서 704번이나 의정부행 시외버스(34번)를 타고 간다. 불광동 들러리는 지하철 3호선 불광역이나 지하철 6호선 독바위역에서 시작한다.
구기동에서 갈 경우는 지하철 3호선 경복궁역에서 212, 7022번 버스를 타고 간다.

| 볼거리 |

1960년대까지 비봉에 있었던 국보 제3호 진흥왕순수비의 유지(사적 제228호)비와 조선 숙종 37년(1711년)에 쌓고 1990년대에 복원한 북한산성(사적 제162호)의 동장대(東將臺), 문루들이 발길을 잡는다. 담쟁이가 홍예문을 타고 올라가는 대서문은 보존이 잘 됐던 까닭에 고색이 창연하다. 성 중심부에는 산성 수비 책임자였던 역대 어영대장들의 송덕비 비석거리가 있는데 구한말 세도가였던 김문근, 민겸호 등 낯익은 이름이 많이 보인다.
고려 말의 명승 보우가 창건한 태고사에는 보우의 원증국사(사리)탑(보물 제749호)과 탑비(보물 제611호)가 있고, 승가사에는 석조승가대사상(보물 제1000호)과 마애석가여래좌상(보물 제215호)이 있으며, 삼천사에는 마애여래입상(보물 제657호)이 있다.

雪嶽山

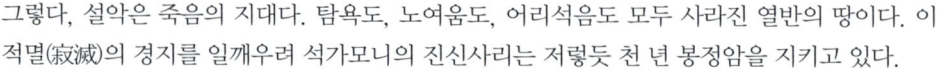

그렇다, 설악은 죽음의 지대다. 탐욕도, 노여움도, 어리석음도 모두 사라진 열반의 땅이다. 이 적멸(寂滅)의 경지를 일깨우려 석가모니의 진신사리는 저렇듯 천 년 봉정암을 지키고 있다.

06

알피니즘과 부디즘의 도장
자아가 사라지는

설악산

산을 찾는 사람이 수행자가 되어야
　　제맛을 느낄 수 있는 설악산

설악산은 도(道)다. 우주만유(宇宙萬有)의 이데아며 그것을 깨우치고 하나가 되어 가는 과정이다. 유불선 누구도 깔지 않을 수 없는 동양정신의 바탕이다.

그래 이 산으로 들어가는 자는 모름지기 수행자가 되어야 한다. 내·외설악의 깊은 속을 들여다보고 북주릉, 서북능선, 가리능선, 점봉능선, 관모능선 용마루들을 타보려면 6년의 용맹정진 끝에 무문관(無門關)을 부수고 나온 도봉산 천축사의 원공스님이 줄창 걸어가는 까닭에 닿아야 한다.

능선 골격이 ㄷ 자 모양이다. 북으로 백두산까지 뻗어가는 윗점 북주릉이 내·외설악을 나누고 '한 일 一' 자를 이루는 서북능선과 관모능선이 남설악을 구분한다. 점봉산, 박달재로 이어지는 ㄴ자 능선은 더할 나위 없는 청봉의 망대.

내설악의 화두는 부디즘이다. 초입의 백담사, 중간의 오세암, 청봉 직하 1224m에 달려 있는 남한 최고의 암자 봉정암이 그대로 깨달음의 과정을 이루고 있다. "소를 찾으러(尋牛) 백담골로 들어 마침내 찾았네(得牛), 청룡뿌리 돌아. 영시동, 수렴동, 가야동… 세상 잊고 저를 길러(牧牛) 하늘 잇닿은 끝 봉정으로 타고오르니(騎牛) 아아! 나도 너도 소도 말도 모두 없어졌어라(忘牛)." (봉정은 원래 설악의 정수리를 가리키는 말이었다)다.

거기는 숲의 바다다. 그러나 숲에 묻히면 숲을 볼 수 없는 법. 이를 위해 설악은 그럴 듯한 전망대를 마련해두고 있다. 오세암 근처의 만경대다.

설악을 만나려는 그대여. 먼동 터오는 신새벽, 양쪽이 깎아지른 암릉 위

구슬 같은 바위에 앉아 가부좌를 틀어라. 그리고 창녕 관룡사 용선대(龍船臺)의 돌부처를 떠올려보라. 자아는 날아가고 천지가 몸으로 들어올 것이다.

  내설악의 유현한 풍경을 찍어보려는 원래 생각은 저만치 달아나버렸으리라. 하늘금 들썩거리는 서북릉과 청봉으로 치달아가는 용아장성의 맥동도 무의미한 구도가 되어버렸다. 중요한 것은 그대의 마음. 속 빈 큰 항아리에 설악을 담으면 그만이다.

  봉정암으로 가는 산중터릿길은 인적 없는 고요함이다. 낙엽 하나로 천하의 가을을 안다.

  그렇게 가야동에 이르러 부도골로 오르자면 끊이지 않는 암반계류가 번뇌를 훑어내리고 있다. 아득한 능선 저 끝에는 때 아닌 꽃이 피어 있다. 네팔의 국화 랄리그라스처럼 온 나무를 물들인 진홍빛이다.

  부처님의 조화인가? 지친 몸의 착각인가? 걸음을 빨리 해 다가가 보면 그건 꽃보다 더 붉은 마가목의 열매다.

  뜻밖의 풍경을 만나 북돋워진 힘으로 능선에 올라서면 수 길이나 되는 책바위 장경암이 맞는다. 돌아서면 봉정연봉, 봉황의 머리가 코앞에서 그대를 굽어보고 있다.

  '가지 않은 길' 수렴동은 와폭 위에 담, 담, 담… 담 위에 와폭의 연속이다.

귀때기청봉 대리막의 너덜지대. 멀리 대청봉이 보인다.

간간이 수로 도랑 같은 외줄기 물골도 나타나고 까마득한 하늘벽 비치는 명경처럼 맑은 연(淵)도 있다. 단양팔경의 상·중·하선암 같은 반석은 수도 없이 많다.

물가 반석에 앉으면 떠오르는 생각이 하나도 없다. 옛 선비들의 풍류를 흉내내려 술을 떠올려봐도 아니고 시는 꼬투리도 잡히지 않고 가족이나 일은 더더욱 멀다. 그래서 사람들은 봉정암 적멸보궁을 찾아갈 때 즐겨 이 계곡을 따르는가 싶다.

여기저기 바위 위에는 돌탑들이 있다. 불교 신도들이 땀 씻으며 마음을 닦은 흔적들이다. 크고 작고 높고 낮고… 세상 천지, 자연 속에 사람이 꾸며 놓은 것 중 저만큼 조화로운 것이 있었던가?

외설악의 도는 알피니즘이다. 그 만학천봉(萬壑千峰) 하나하나의 깨우침이 바로 "알프스처럼 눈도 있고 얼음도 있는 꽤 높은 데를 오르는 것"에 다름 아니기 때문이다. 그래 산악인들은 단(丹)을 수련하듯 힘을 길러 벽곡(辟穀)하듯 빵을 씹으며 태극권 비슷한 스트레칭으로 몸을 풀고 이 골짝 저 봉우리 초등을 하면서 알피니즘을 연단(煉丹)해 나갔다. 울산바위, 천불동, 7형제봉, 장군봉, 천화대, 범봉, 공룡능선, 용아장성이 모두 이렇게 해서 길들여졌던 것이다.

천화대의 지릉인 석주길의 끝부분. 일대는 설악산 암릉등반의 밀집지대다.

탕수동(12선녀탕)계곡의 등산인들. 설악산에서 계류미가 가장 뛰어난 골짜기다.

그 알파와 오메가는 1955년의 천불동과 1977년의 토왕성폭포였다.

지금 설악에서 등산인들이 가장 많이 찾는 천불동은 그 이전에 누구도 지나갔다는 기록이 없다. 『동국명산기(東國名山記)』를 남겼던 실학자 성해응도, 1933년에 『설악행각(行脚)』을 했던 이은상도, 알피니즘을 서양 따라잡기의 필수과목으로 여겼던 일제시대 일본인들 ― 왕족이 앞장서서 등산을 했던 그들은 알프스의 유명한 아이거북벽 동릉을 초등했을 정도다 ― 도 천불동만큼은 비껴서 갔다.

주 계곡에 길이 나자 이어 수많은 주변 협곡들로 발길이 옮겨졌다. 토막골, 설악골, 잦은바위골, 용소골, 안내피골(죽음의 계곡), 염주골, 음폭골, 화채골, 칠성(선)골의 수많은 폭포들이 겨울을 기다려 '정복' 되기 시작했다. 그 대미는 장장 320m에 이르는 대폭(大瀑) ― 대동여지도에 이렇게 나와 있다 ― 토왕성폭포였다.

그들에게 산은 도를 넘어서 종교였다. 그리고 설악은 그 총본산이었다. 그래 서울에서도, 부산에서도, 대구에서도, 광주에서도, 대전에서도, 알피니스트들은 설악으로 설악으로만 몰려들었다. 무심때고 히말라야 훈련을 할 때고 가리지 않고 설악을 찾았다. 환송 나온 선배들의 회가(교가) 열창 속에 마장동의 금강운수 첫차를 타고.

그리고 비장하게 죽어갔다. 설악골에서, 죽음의 계곡에서, 적벽에서, 울산바위에서, 토왕성폭포에서 히말라야의 꿈을 안고 사라져갔다. 천불동의 천불이 되었다.

죽음. 그렇다, 설악은 죽음의 지대다. 탐욕도, 노여움도, 어리석음도 모두 사라진 열반의 땅이다. 이 적멸(寂滅)의 경지를 일깨우려 석가모니의 진신 사리는 저렇듯 천 년 봉정암을 지키고 있다.

여기에 이르른 그대는 이제 양희은의 '한계령'을 불러볼 일이다. 한계령이 보이지 않는 저 먼 황철봉에서.

그때 청봉은 아득하고 쌍천으로는 해무(海霧)가 쳐들어온다. 깔쭈기 같은 1250암봉릉 너머로는 둔중한 귀때기청봉이 장엄한 서북능선을 완성하고 있다. 내설악 우묵진 골골에 사울사울 운해를 펴가면서.

눈이 한 번에 2~3m씩 오기도 하는 설악에서는 종종 눈사태 사고가 난다.

아득한 옛날 습곡·단층작용으로 산주름이 만들어진 설악은 차별침식을 받아 만학천봉이 되었다. 1500m 이상의 부분은 청봉, 귀청, 가리산(봉)이고 1200m 이상은 화채봉, 1275, 마등령, 1250암봉릉, 황철봉, 점봉산, 그리고

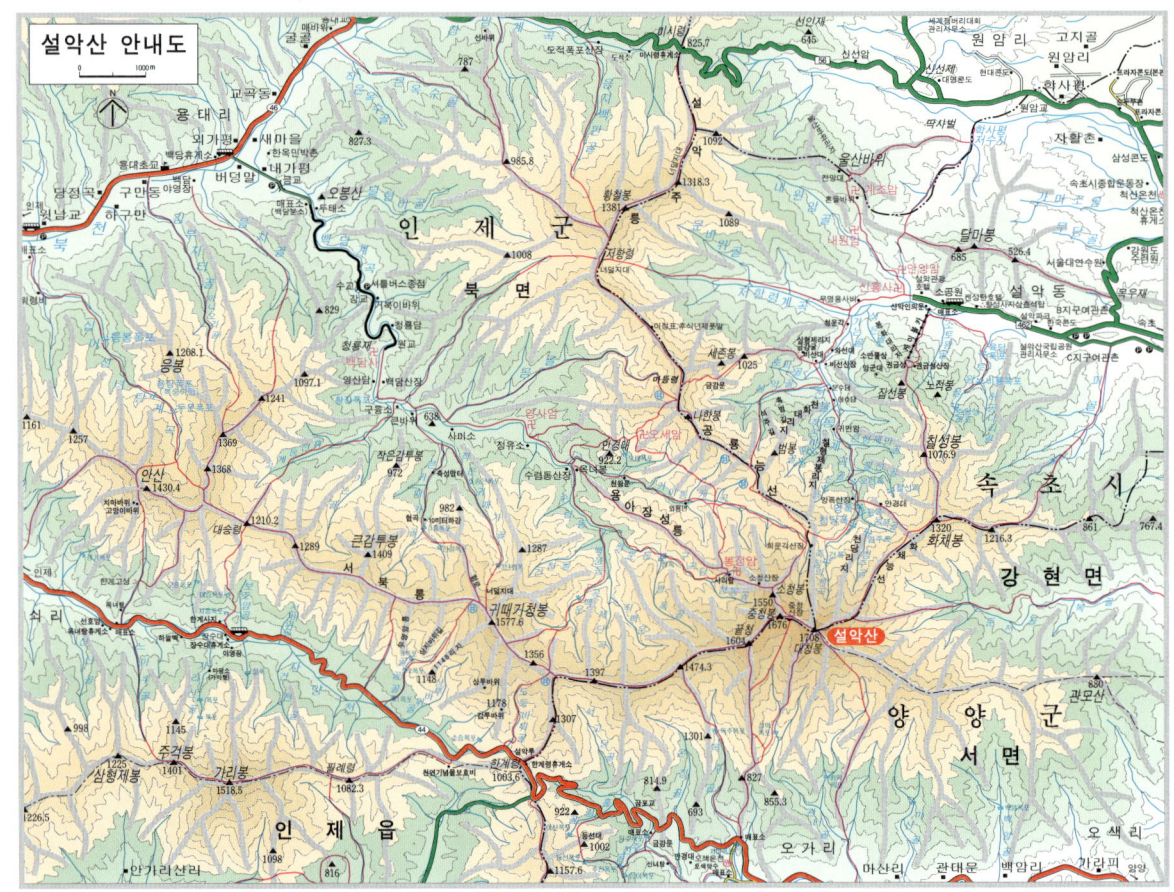

서북능선이다. '주인 주 主' 자를 북주릉에 넘겨주긴 했지만 기실은 서북릉이 용마루인 것이다.

점봉산에서 바라보는 이 용마루는 그냥 거대한 산맥이다. 하여 달포 이상 백두대간을 달려온 이들로 하여금 "아! 설악산!" 하고 탄성지르게 한다. 무릎 꿇고 손을 맞잡으며 위대한 설악을 찬미하게 만든다.

거기에는 또 꽉 찬 하늘 대청(1707.8m)이 있다. 6×7 필름 사각형에 다 넣어도 미련스럽지 않은 완벽구도가 있다.

그것은 지도만으로 작품이 되는 대자연의 조화다.

대청에서 박달재로 이어지는 백두대간 ㄷ자능선과 관모능선 마루금은 형광펜으로 칠하기만 하면 그대로 산의 하늘금이 된다. 이어 1500m, 1200m 등고선을 그리고 오색으로 뻗어내리는 능선들을 표시하면 그냥 눈 덮인 설악이 된다. 지도가 풍경화가 되는 매직아이를 보여준다.

그대 설악을 보았는가? 설악이 무엇이더뇨?

산들과 만나 잠시나마 고요히 지내려고 설악에 오르면 어느덧 산들은 저마다 검은 그림자를 드리워 한 점 남김없이 나를 지우더이다.

TOUR POINT

설악산 여행 포인트

| 찾아가는 길 |

승용차 : 원점회귀 산행을 하지 않고 외설악으로 들어 내설악이나 오색으로 나올 경우 승용차를 대리운전 해주는 서비스를 이용하면 편리하다. 설악산관리사무소 앞 주차장 관리인에게 부탁하면 되며 내설악에서는 백담사행 셔틀버스를 운행하는 용대향토기업(033-462-3009)에 문의한다.

대중교통 : 속초행 고속버스는 서울(강남고속버스터미널·동서울터미널), 대전, 수원, 성남, 안산, 의정부, 전주, 원주에서 다닌다. 속초행 직행버스는 서울(상봉시외버스터미널·동서울터미널), 부산, 동대구, 북대구, 일산, 춘천, 충주, 태백, 그리고 동해안의 포항, 울진, 동해, 강릉에서 다닌다.

백담골로 입산하려면 서울에서 출발하는 경우 상봉시외버스터미널에서 진부령을 넘어가는 직행버스(07 : 10, 11 : 30, 15 : 30)를 타야 한다. 미시령으로 가는 버스는 무정차기 때문이다. 장수대나 오색에서 시작할 때는 양양·속초행(08 : 30, 16 : 50, 18 : 00)을 탄다. 중청대피소에서 숙박할 경우 국립공원관리공단 홈페이지(www.npa.or.kr)에서 예약을 해야 한다.

| 볼거리 |

설악산에 국보가 있다고 하면 많은 사람들이 눈을 휘둥그렇게 뜬다. 대청봉 동쪽 둔전골에 있는 진전사지3층석탑(국보 제144호)이 바로 그것이다. 옆에는 이 땅 최초의 부도탑인 진전사지부도(보물 제439호)가 있고 더 동쪽 낙산사에는 동종(보물제 479호)과 7층석탑(보물 제499호), 건칠관음보살좌상(보물 제1362호)이 있다.

외설악 길가에는 향성사지3층석탑(보물 제443호)이 있고, 내설악 백담사에는 목조아미타불좌상과 복장(腹藏)유물(보물 제1182호)이 있으며, 봉정암에는 영험하기로 소문난 석가사리탑(강원도유형문화재 제31호)이 있고, 남설악에는 오색리3층석탑(보물 제497호)과 한계사지남(북)3층석탑(보물 제1275(6)호)이 있다.

양양 손양면에는 또 신석기시대 최고의 오산리 유적이 있다. 돌로 된 그물추와 석기, 토기들이 많이 나온 호수와 바다 사이의 사구(砂丘)로서 그때 사람들의 생활상을 엿볼 수 있다.

伽倻山

동쪽은 톱날능선이 서릿발처럼 일어섰고 남쪽은 매화산 돌불꽃이 하늘을 찔러, 잠들지 못하는 인간의 번뇌를 표현했다. 그러나 한 걸음 물러나 모로재 남쪽 문수봉이나 두무산 자락의 고속도로에서 보라. 그 정신 산란한 바위더미들 뒤로 달마대사 머리 같은 상왕봉이 깨달은 자의 요지부동으로 보일 터다.

07

달마가 동쪽으로 온 까닭
알려주는 선의 바다

가야산

서쪽으로는 덕유산, 남쪽으로는 지리산이 멀리 보이며
예로부터 12대 명산의 하나로 손꼽힌 가야산

가야산은 선(禪)이다. 마음을 가다듬고 정신을 통일하여 무아의 경지에 이름이다. 그 품안의 절 해인사의 뜻처럼, 한없이 넓고 깊은 큰 바다[海]의 거친 파도가 멈출 때 우주의 참모습이 물 속에 비치는[印] 과정이다.

사면팔방 어디서 보아도 그렇다. 동쪽은 톱날능선이 서릿발처럼 일어섰고 남쪽은 매화산 돌불꽃이 하늘을 찔러, 잠들지 못하는 인간의 번뇌를 표현했다. 그러나 한 걸음 물러나 모로재 남쪽 문수봉이나 두무산 자락의 고속도로에서 보라. 그 정신 산란한 바위더미들 뒤로 달마대사 머리 같은 상왕봉이 깨달은 자의 요지부동으로 보일 터다.

북쪽 아박산 기슭에서는 그냥 1000m 장벽이다. 밖에서 오는 번뇌와 안에서 일어난 망상이 더 이상 흔들지 못하는 확립의 벽이다. 그래 서방의 수도산이나 해 지는 덕유산에 안 가더라도 소머리 같은 그 모습을 직관할 수 있게 한다.

동은 대가천, 서는 가천, 남은 모로재~산천~의상봉 북쪽 잘록이, 북은 불기재(분계령)가 그 경지다. 높이는 1430m. 매화산, 단지봉, 깃대봉, 두리봉의 부속봉들과 함께 둘레 28.5km의 성을 이루어 이 땅의 3대 보배절 가운데 하나를 지킨다.

그 자궁으로 들어가는 문은 홍류동뿐이다. 하지만 그곳은 고운 최치원의 시처럼 "혹은 날뛰고 혹은 인자한 바위들 산을 겹겹이 싸고 흐르는 계곡물 소리 귀머거리를 만들어(狂奔疊石吼重巒 …… 故教流水盡籠山)" 옛날 입구에 있었다는 무지개다리 무릉교를 통하지 않고는 들어갈 재주가 없다. 길이도 적잖이 2km. 매화산 제일봉과 해인사 뒷산봉(1054m)에서 뻗어내려온

네 개씩의 산줄기들이 낀 깍지가 영산교에 이를 때까지 풀릴 줄을 모른다.

그렇지만 정진(精進)은 구름장을 주먹으로 깨뜨리듯 정면돌파해야 한다. 과정은 돈오점수(頓悟漸修), 차근차근 나아가야 한다. 그러니 가야산을 찾는 이들은 모름지기 가야읍에서 내려 황산교를 건너 시작되는 내갓길을 따라 걸어들어갈 일이다.

너른 연(淵), 길쭉한 소(沼), 비누 칠한 듯한 너럭바위를 굽어보며 산 속으로 가노라면 찻소리는 간 데 없고 물소리만 들린다. 조선시대 때 이름 높았던 선비 김종직처럼 "그림 같은 무지개다리 급한 물결에 비치는데 다리 위 지나는 사람 발길을 조심한다. 나의 옷 걷고 물 건너는 짓, 그대는 웃지 마소. 고운이 어찌 위태로운 길 따라 산으로 들어갔던가" 하며 제멋에 겨우면 된다.

그리하여 닿은 해인사. 국보 셋과 보물 아홉을 품은 법보사찰이니 더 말해 무엇하랴. 그렇지만 전공학자가 아니고서야 그 어려운 경판이나 절집, 탑을 둘러본들 무슨 마음에 닿는 게 있겠는가.

그래도 보물 제999호 희랑대사상은 다르다. 82cm 높이의 이 목조등신상은 초상 조각으로는 세계 최고라 할 명품이다. 문외한에게도 무언가 뭉클한 것이 전달된다.

이것은 깊은 산중의 노승이 몇 십 년 만에 찾아온 제자를 보고 "어서 들라." 하는 인간적 면모에다 선의 삼매경에 빠진 고승의 모습이 복합되어 뭐라 이를 수 없는 감동을 자아낸다. 흡사 오대산 상원사의 국보 제221호 목조 문수동자상이 풍기는 인간적 신성 — 가

국보 제52호의 팔만대장경을 보관하는 경판고 내부.

정상 표지석이 있는 최고봉 칠불봉. 나무계단이 놓여 쉽게 올라갈 수 있다.

까이 가면 믿음 깊은 소년이요, 멀어질수록 절제된 표정의 부처로 변하는 기적을 보여준다.

　이번 ― 1995년 3월에 갔을 때 ― 에는 희랑대사를 못 만났다. 송광사 영정도난사건의 여파로 공개를 안 한다는 것이었다. 주지스님을 만나 간청을 해보려 했더니 출타중이라고 했다. "소나무 아래 동자승에게 큰스님 물었더니 약초 캐러 가셨다 하네. 분명 이 산 속에 계시기는 할 테지만 구름이 깊어 찾을 수가 없네(松下問童子 言師採藥去 只在此山中 雲深不知處)"였다.

　희랑대사를 못 만난 이는 보물 제222호의 마애불이라도 볼 일이다. 이 돌부처는 상봉(上峰)으로 가는 산길 가운데 있다.

　어린애 볼처럼 탐스런 하관, 포동포동 살진 손, 신라인들의 오기처럼 앞으

81

사명대사가 입적하면서 자통홍제존자라는 시호를 받은 홍제암.

로 튀어 나온 입술, 구멍을 뚫어 놓아 응시하는 것처럼 보이는 눈동자… 천여 년 전 이 땅에 어느 로댕이 있어 눈동자 파는 기법을 구사했는가 싶다.

뒤로는 눈이 시리도록 파란 하늘 양탄자에 푸른 솔이 수를 놓았다. 터키 톱카피 궁전의 신비로운 문양이다. 거기에 눈이 닿으면 달마가 동쪽으로 온 까닭이 분명하게 떠오른다. 치악산 구룡사 기둥글이 장중하게 울려온다.

달마는 어찌하여 강을 걸어 건넜던가/동방 산야에 봄풀이 푸르러서다/석가는 어찌하여 도솔천을 내려왔던가/녹야원 가운데 온갖 꽃 향기로와서다/산은 높은 기개로 흰구름 날아오는 것 막고/물은 두루 통해 달빛 앉은 여울이 되고저(達摩何事踏江來 東土山野春草綠 世尊因何兜率來 鹿園苑中百花香 山高豈碍白雲飛 水慾通魚月印灘)

달마가 동쪽으로 간 까닭은 결과론적으로 동쪽에 이 땅이 있어서라고 한다. 중국은 이데올로기에 묻히고 일본은 토속신앙과 야합할 때 대승불교의 전통을 가장 오롯이 간직해온 이 땅의 싹수를 보았기 때문이라고 역설하고 있다. 산산이 골골이, 심지어 이런 산중턱까지 부처의 집을 짓고 상을 모셔 지성으로 받드는 사람들의 땅이 있기에 달마는 가랑잎 타고 대하를 건넜다는 것이다.

7.5m의 불상은 이렇게 말하고 있다. "삶이 고달프더냐. 그러면 마음의 눈을 열어 저 서방 정토를 보아라. 번뇌는 한낱 가랑잎일 따름이니. 들리느냐 저 새소리. 극락은 바로 여기, 네 마음속이니라."
　　불상 앞에는 복개를 반만 열어둔 정화수 그릇이 있었다. 그릇 모양의 얼음 덩어리가 주위에 뒹구는 것으로 보아 며칠만에 누가 다녀간 듯했다. 조화지만 꽃도 한 다발 있었다.
　　선하게 생긴 청년이 한 명 올라왔다. 귤 둘과 우유를 까 부처님 앞에 놓고 오체투지의 격식을 갖춰 정성을 다해 절을 올렸다. 물러나와 귤 하나를 건네는 젊은이의 모습이 그렇게 아름다울 수 없었다.

극락정토, 이상향, 피안을 떠오르게 하는
낙조가 아름다운 가야산

　　마애불에서 5분쯤 산허릿길을 타고가면 주 등산로와 만난다. 그리고 가파른 비탈 끝의 평평한 산등길이 대피소까지 이어진다.
　　대피소에서 보는 상봉쪽은 창날의 기세다. 거기에는 이른 봄까지 얼음폭포 하나가 걸려 있다. 오후 햇살을 받으면 그것은 풀 먹여 널어논 무명베로 보인다. 색즉시공. 보이는 것은 모름지기 헛된 것이다.
　　창날 같은 바위를 지나면 사막 같은 바위산이 펼쳐진다. 그건 이유 없이 그냥 소머리의 느낌이다. '가야'가 인도말로 '소'라는 뜻이라거나 가야산의 다른 이름이 우두산(牛頭山)이라는 사실을 몰라도, 어디가 콧잔등이고 어디가 뿔인지 가늠되지 않을지라도 직관적으로 그렇게 느껴진다.
　　하늘에 낮달이 떠 있다면 느낌은 더욱 강해질 것이다. 바위사막 같은 소의 해골 위, 쓸모없는 껍데기 낮달… 그대는 모든 것을 버린 해탈의 경지에 가까이 다가간 까닭이다.

이때 해인사의 종소리를 듣는다면 대단한 행운이다. 아득한 기적처럼 들리는 그 소리를 들으려 숨을 멈추면 숨소리가 도리어 기차처럼 칙칙 폭폭거린다. 그 끝에 정상에 올라 낙조를 보았다면 무아의 경지를 얻으리라.

그대 반야봉에서 본 낙조 나 오늘 가야산에서 맞네/주황빛 운평선 하늘 홍시처럼 검붉어 어두워지네/그 위로 천왕봉 섬처럼 떠가네/그대 물들였던 빛으로 홀로 남은 나 물들이며

서쪽으로 십만억토 지나 있다는 더없이 아름답고 청정한 땅 극락정토는 석가모니나 그 제자들이 이런 낙조를 보고 세운 이상향이었을 것이다. 여기 어두워질 때 잠들지 않는 저 희망의 나라, 포근한 주황빛의 아름다운 무엇이 그득할 것 같은 피안. 그 느낌은 동서고금을 막론하고 다를 바 없을 것이기에 서부의 사나이들은 언제나 석양에 떠났다.

단번에 물러섬이 없는 경지에 도달하는 왕도로 해인삼매법(海印三昧法)이 있다지만 그것도 능력 있고 인연 있는 이나 가능한 것이다. 보통 사람은 아무래도 보조국사 지눌의 가르침 돈오점수가 쉬운 접근법이다. 그 '점수'를 배우려면 환적대로 가볼 일이다.

환적대는 지족암 뒤 벼랑의 암굴이다. 비스듬한 돌판이 지붕을 이룬 아래 두 사람이 겨우 앉을 만한 공간이 있다. 그 옛날 호랑이와 동자승을 함께 키우던 환적대사가 엉겹결에 동자승을 잡아먹은 호랑이를 꾸짖은 이후 가야산에는 호환이 사라졌다는 전설의 자리다.

백련암에 머무를 당시의 성철스님도 종종 이용했던 곳이라고 한다. 그런 법력 높은 이들도 수행은 끊임없이 했으니 도(道)란 끝이 없는 것이다.

매화꽃처럼 바위가 많은 매화산은 용맹정진(勇猛精進), 기한을 정해놓고 머리 싸매고 하는 정진의 도장이다. 청량사 위의 주릉에서 남산제일봉이라고 하는 상봉까지 끊임없이 바위를 타고내린다.

간간이 전망 좋은 바위에서 뒤돌아보는 지나온 길은 정진의 보람이요, 채찍이다. 저 바늘방석 같은 험로를 자신이 극복했던 것이다. 그럼에도 제일봉은 아직 솟대처럼 높다.

솟대의 막바지는 사다리와 동아줄의 연속이다. 그렇게 치열하게 오른 절정, 발 아래 청량저수지는 사파이어처럼 빛나는 물빛을 풀어준다.

오름이 끝나면 내림이 시작된다. 그 길은 오봉산 앞의 잘루목을 지나면서 절 사잇길이나 동네 뒷동산 같은, 솔바람 시원한 부드러움을 제공한다. 설산고행 끝의 싯다르타에게 주어진 한 잔의 우유요, 향기로운 룸비니동산의 바람이다.

홍류동천의 낙화담. 최치원의 시처럼 "계곡 물소리가 산을 에워싸" 귀를 먹게 할 듯하다.

수도산에서 단지봉을 지나 상왕봉으로 가는 종주길. 가을이면 억새능선을 이루지만 하룻밤을 자야 하는 긴 거리다.

이제 벽을 부수고 무문관을 나갈 때가 되었다. 숲을 빠져나가면 왁자한 저자거리, 치인리 집단시설지구의 해인사관광호텔 코앞이다.

조선시대 최고의 등산칼럼니스트(?) 정구는 "높은 곳에 오르는 뜻은 안계(眼界) 넓히기를 위함이 아니"라고 했다. 아울러 그 글 『가야산기행문』에서 가야산에 오른 심회를 "천년처사의 마음, 말 없는 가운데 합하네(墨契千年處士心)"라고 읊었다.

오늘도 한 치 틀림없는 명언이다. 그리고 가야산의 선적 분위기를 더할 나위 없이 잘 꿰뚫었다.

그대, 봄나무에 물 오르기 전 아직 갈대빛을 띤 가야산에 올라 선의 바다에 빠져볼 일이다.

TOUR POINT

가야산 여행 포인트

| 찾아가는 길 |

이 산의 등산로는 모두 합천군 가야면 치인리에서 시작하고 끝난다 해도 과언이 아니다.
승용차 : 88고속도로의 해인사나들목으로 나와 1084번 도로를 따른다.
대중교통 : 서대구에서 26회, 합천과 진주에서 6회씩 있는 해인사행 시외버스를 탄다.

| 볼거리 |

해인사와 주변 암자에는 3개의 국보와 9개의 보물이 있다. 국보는 유명한 팔만대장경(국보 제52호), 그것을 보관하는 경판고(국보 제32호), 나라에서 새긴 팔만대장경과 달리 사찰이나 지방관서에서 새긴 고려각판(국보 제206호)이다. 보물은 고려각판(보물 제734호) 중 비교적 가치가 떨어지는 것들, 목조희랑대사상(보물 제999호), 영산회상도(보물 제1273호), 길상탑(보물 제1242호), 반야사지에서 옮겨온 원경왕사비(보물 제128호), 금당인 대적광전의 "홍치4년"명(銘) 동종(보물 제1253호), 사명대사가 입적한 홍제암(보물 제1200호), 홍제암의 사명대사부도와 석장비(보물 제1301호), 원당암 다층석탑과 석등(보물 제518호)이다. 가야산 중턱에는 치인리마애불입상(보물 제222호), 정상 부근에는 석조여래입상(보물 제264호)이 있다.

남쪽 매화산에 있는 청량사에는 3층석탑(보물 제266호)과 석조석가여래좌상(보물 제265호)이 있고, 해인사나들목 근처의 야로면 월광리에는 월광사지 3층석탑(보물 제129호)이 있다.

합천은 후기 가야연맹의 맹주 대가야가 있었던 곳인데, 그것을 증명하듯 쌍책면 성산리 옥전마을에는 1000여 기의 가야시대 고분군(사적 제326호)이 있고 거기서 철제 말투구 5개, 비늘형 말갑옷 1벌, 금동 안장 장식, 다양한 등자와 재갈, 깃꽂이 2개, 금동장식의 환두대도 4개, 관모, 갑옷 5벌 등이 나와 가야사 연구에 획기적 기여를 했다.

無等山

　　서석대에서 사람들은 무등산이 왜 무등산인지를 깨닫게 된다. 수많은 바위들이 바위를 무등 태우고 있는 까닭이다. "비할 데 없이 높은 산"이라거나 "등급이 없는 평등무비한 산"이라는 해괴한 해석을 달 것 없이 무등산은 보이는 그대로 "바위가 바위를 무등 태우고 있는 산"인 것이다.

08

바위가 바위를 무등 태운
광주의 여신

무등산

억새밭이 된 군부대 자리에서 중봉으로 오르는 산길.

가을엔 억새가 군무를 하고
기암괴석이 탄성을 지르게 하는 무등산

무등산은 광주다. 그 품안에 광주가 있고 무등을 보며 광주가 살았다. 해발 1186.8m로, 백두대간에서 갈라지는 초타듬과 마지막 힘주기 백운산을 빼고는 호남정맥에 하나밖에 없는 1000m급, 우리식으로 말하면 600길(1020m)급 산이다. 아울러 정맥의 한가운데 터잡고 있으니 호남의 모든 산은 무등에서 비롯되고 호남의 모든 맥은 무등으로 수렴한다.

이런 까닭에 그 발치의 광주가 호남의 수도(首都), 전남의 로마됨은 땅거죽이 골라지면서부터 정해졌다 하리라. 때로는 전주, 때로는 나주로 옮겨다니던 전라도 운세의 변증법적 귀결점은 광주였던 것이다.

모든 길이 로마로 통하듯 순천, 영광, 목포, 장성의 사방 열읍(列邑) 길이 광주로 들어와야 비로소 만나며 그 길을 따라 인물과 재화가 모여들고 흩어진다. 광주는 그야말로 전남의 알파요, 오메가인 것이다. 광주의 주작대로(朱雀大路)인 금남로 중앙교회 외벽의 글씨와 같이.

무등산이 그렇게 생겼다. 천·지·인왕 삼봉의 600길 위 고스락이 알파(A)의 모양이라면, 여기에다 장불재에서 남동쪽으로 뻗은 안양산 줄기와 중봉에서 바람재로 향한 사양능선의 700m급 등고선은 그대로 오메가(Ω)의 형상을 띠어 어디서 보아도 옹성을 두른 흐트러짐 없는 웅봉의 자태를 이룬다. 그것은 무등의 자락에서 멈춘 시가지의 끄트머리, 조선대학교 입구까지 한결같다.

500m 높이까지는 능선의 갈림이 없다. 정상부터 700m 가량이 그냥 하나의 장엄한 산덩이다. 산발은 400m까지 내려와 뻗기 시작하지만 이내 잦아들어 점점이 300m급 소산(小山)이 이어질 뿐이다. 무등이 광주의 하늘된

까닭은 바로 여기에 있다.

　하늘에는 옥황상제가 사는 백옥궁이 있다고 한다. 무등에는 그 궁전의 흔적 같은 3대가 있다. 입석대, 서석대, 규봉대 혹은 그 옆의 너럭바위 광석대다.

　오각에서 팔각 되는 바위기둥들이 반달의 호(弧)를 따라 둘러선 입석대는 엄숙한 신의 제단이다. 혹은 창대 같고 혹은 부러져 누운 자연스러움까지 인간의 머리로는 흉내도 못 낼 배치다.

　봄이면 반달에 푸른 융단이 깔린다. 그때쯤 기둥 아래의 두 샘에는 도롱뇽이 몽실몽실 알을 낳는다. 남쪽을 바라보는 직선의 현(絃)에는 신성지역에 쳐지는 쇠로 된 금줄이 있다. 무등산신이 세상 잡것을 가리려 구름을 두른 날 홀로 입석 아래 서면 하늘의 소리라도 들려올 법하다. 옛 사람들은 이곳에서 천제를 지냈다.

바위가 바위를 무등 태우고 있는 산
무등산

　서석대는 천·지·인 삼왕의 궁을 두른 목책의 형국이다. 장불재와 한품잇재에서 올라오는 능선을 막아선 요새다. 서향의 그 울짱에 노을이 비끼면 거대한 자수정 병풍이 된다.

　이 서석대에서 사람들은 무등산이 왜 무등산인지를 깨닫게 된다. 수많은 바위들이 바위를 무등 태우고 있는 까닭이다. "비할 데 없이 높은 산"이라거나 "등급이 없는 평등무비한 산"이라는 해괴한 해석을 달 것 없이 무등산은 보이는 그대로 "바위가 바위를 무등 태우고 있는 산"인 것이다. 아울러 무등산의 다른 이름인 서석산(瑞石山)도 '상서로울 서 瑞'라는 한자 새

김에 구애될 것 없이 그냥 "돌이 서 있는 산"으로 여기면 된다.

규봉대는 신의 정원이다. 규봉암 입구의 삼존석과 이웃한 광석대 외에도 송하·풍혈·장추·청학·송광·능엄·법화·설법·은신대 등의, 홀(圭)처럼 생긴 바위들이 숲 사이사이에 정원석처럼 벌였다. 그 전망 또한 훌륭하여 발 아래로는 김삿갓이 한 많은 생애를 마친 적벽에 동복호의 물이 찰랑거리고 화순 모후산, 승주 조계산, 광양 백운산과 장흥 제암산, 영암 월출산 등 멀고 가까운 군산(群山)들이 나붓나붓 다가온다.

출입금지구역 — 지금은 아니다 — 인 천·지·인왕봉도 돌들이 섰다. 그러나 최고봉 천왕은 땅을 골라 군사시설물을 세우며 목이 잘렸다. 적어도 2m는 깎아내린 그 모습을 어찌어찌 본 광주의 노화가는 땅을 치고 통곡을 했다고 한다. 그가 어렸을 때 올라 본 장엄한 천왕의 모습을 이제 다시는 볼 수 없다.

광주 사람들에게 무등은 그런 존재다. 육당 최남선이 "뜻 아니한 곳에 와서 젖꼭지를 물었나이다. 어머니, 한 어머니심을 인제 알고 갑니다." 갈파했던 것 그대로다. 이런 어머니가 있었기에 그들은 "길 가다 날벼락 맞은

돌기둥이 돌기둥을 무등 태우고 있는 서석대.

규봉대 절벽틈 손바닥만한 터에 자리 잡은 규봉암.

원효사 추녀 밑으로 보이는 눈 덮인 무등산 정상부.

꼴"이라고 표현하는 1980년 난리의 상처를 이만큼이나마 아물릴 수 있었는지 모른다.

그 해 이후 섣달 그믐날 밤이면 광주 사람들은 꾸역꾸역 무등산으로 올라갔다. 어림잡아 15만에서 20만의 '시대의 희생자들'이 중봉에 올라 혹은 횃불행진을 하고 혹은 모닥불을 피우며 울분을 삭이고 망년(忘年)을 했다.

그러나 어머니 무등산은 그 파괴적인 기운을 기어이 건설적인 방향으로 돌려놓고 만다. 1989년 5월 열한 개 단체가 무등산보호단체협의회를 결성하면서 전국에서 가장 강력하고 심도 있는 자연보호운동을 펼치기 시작한 것이다. 아울러 이듬해부터 무등산사랑 심포지엄을 개최하여 개발론자들의 주장을 이론에서부터 흔들어버린다. 이제 협의회는 서른 개 단체 16만 회원을 거느리고 소식지「무등산」을 발간한다(1993년 현재).

광주 사람들은 타관에 다녀올 때 수십 리 밖에서도 무등산만 보면 안도감이 생긴다고 한다. 그래서인지 학교, 신문, 단체명… 심지어는 구멍가게 이름까지 온통 무등으로 도배를 하고 있다.

이렇게 큰 덕을 보고 있지만 문화적으로 무등을 빛낸 쪽은 광주가 아니라 오히려 담양 창평 사람들이다. 원효계곡을 따라 내려간 충효동과 지실 사람들이 무등을 보며 시를 짓고 가사문학을 꽃피워 무등을 예술적으로 승화시킨 것이다.

정극인의 『상춘곡』으로 시작되는 가사문학은 송순의 『면앙정가』와 정철의 『성산별곡』 및 두 미인곡에서 절정을 이룬다. 송순은 담양 봉산면 제월리 사람이고, 정철은 지실 사람인데 『면앙정가』에서는 첫 어절로 "무등산…"을 썼고 『성산별곡』에서는 무등산을 향해 앉은 식영정 주변의 경치를 그렸다.

규봉암에서 꼬막재를 돌아 원효계곡으로 내려가면 풍암정사가 있다. 김덕령의 아우 덕보가 조정의 벼슬을 마다하고 들어앉아 음풍농월로 여생을 보낸 곳이다. 왼쪽은 커다란 바위가 막고 오른쪽은 너댓 그루의 노송이 물 위로 뻗쳤는데 그 기움을 하늘을 찌르듯 서 있는 전나무 두 그루가 바로잡아 주는 빼어난 풍치의 정자다.

내를 따라 계속 내려가면 충효동이다. 마을에는 정철이 김덕령의 종조부 한테서 글을 배운 환벽당과 취가정, 증암천 건너에는 식영정과 조선시대 원림(園林)으로 이름난 소쇄원이 있다.

충효동 사람 김덕령을 빼놓고 무등을 이야기할 수 없다. 그가 삼을 심어 놓고 높이뛰기 훈련을 했다는 삼밭실, 담력을 길렀다는 지왕봉의 뜀바위, 칼을 만들었다는 주검동, 말을 달린 백마능선 등 무등산 곳곳에 그의 전설이 서리지 않은 곳이 없다. 정유재란 때 역모에 걸려 뜻도 못 펴보고 서른 살의 나이

증심사계곡 상부, 중봉과 장불재 사이로 살짝 보이는 서석대의 설경.

로 죽은 비운의 의병장을 광주 사람들은 무등의 수호신으로 신격화시켰던 것이다. '광주의 명동' 충장로는 그의 시호 충장공을 딴 것이다.

취가정은 죽은 김덕령이 친구 권필의 꿈에 나타나 읊었다는 시에서 유래했다. "취한 김에 하는 노래 듣는 이 없네. 꽃도 달도 공훈도 소용이 없고 다만 긴 칼로 어진 임금께 은혜 갚고 싶었을 뿐이었는데… 내 마음 알아주지를 않네"로 요약되는 비창한 노래다. 영웅은 가고 노래만 남았다.

취가정에서 보는 강산은 한 폭의 그림이다. 산은 경주의 고분들처럼 둥글고 순하며, 들은 적당히 넓다. 골짜기 여기저기에 흩어진 마을들은 대숲에 싸였고, 그리고 무등산이 있다. 이런 산하기에 서른 한 살 차이 나는 정철과 김덕령의 두 세대에 걸쳐 증암천 주변에는 영웅호걸이 즐비하게 날 수 있었다.

무유등등(無有等等)이어서 무등산이라고 한다. 부처님처럼 세상 어느 것과도 견줄 수 없는 무등한 존재라는 뜻에서다. 그럴 듯도 하다. '오월' 이후의 광주에게 무등은 그야말로 부처님이었을 테니까.

TOUR POINT

무 등 산 여 행 포 인 트

| 찾아가는 길 |

승용차 : 산의 발치를 토막내며 난 제2순환도로는 무등산으로 들어가는 지름길이기도 하다. 호남고속도로의 동광주나들목을 나오면 바로 진입할 수 있다. 원효사 코스로 가려면 산수동, 증심사 코스로 가려면 소태동에서 좌회전한다.

대중교통 : 버스가 편리하다. 전국의 대도시, 전라남·북도는 물론 춘천, 속초, 양양, 동해, 삼척, 포항, 원주, 제천, 황간에서까지 직행이 다닌다.

| 볼거리 |

광주의 오늘을 특징 지운 두 사건은 1929년의 광주학생운동과 1980년의 광주사태다. 그 흔적은 누문동 광주일고 교정의 학생운동기념탑과 망월동묘지다. 망월동의 동쪽 담양 고서면과 남면은 누정들이 즐비한 이른바 가사문화권이다. 위에서부터 송순의 면앙정, 정철의 송강정, 배롱나무 꽃밭 속의 명옥헌·식영정·환벽당, 취가정·풍암정(사), 소쇄원, 독수정(獨守亭), 이서적벽 앞의 완벽미 물염정이 사슬처럼 이어져 있다. 산 안에는 증심사의 철조비로자나불좌상(보물 제131호)과 그 위 약사암의 석조여래좌상(보물 제600호)이 있다.

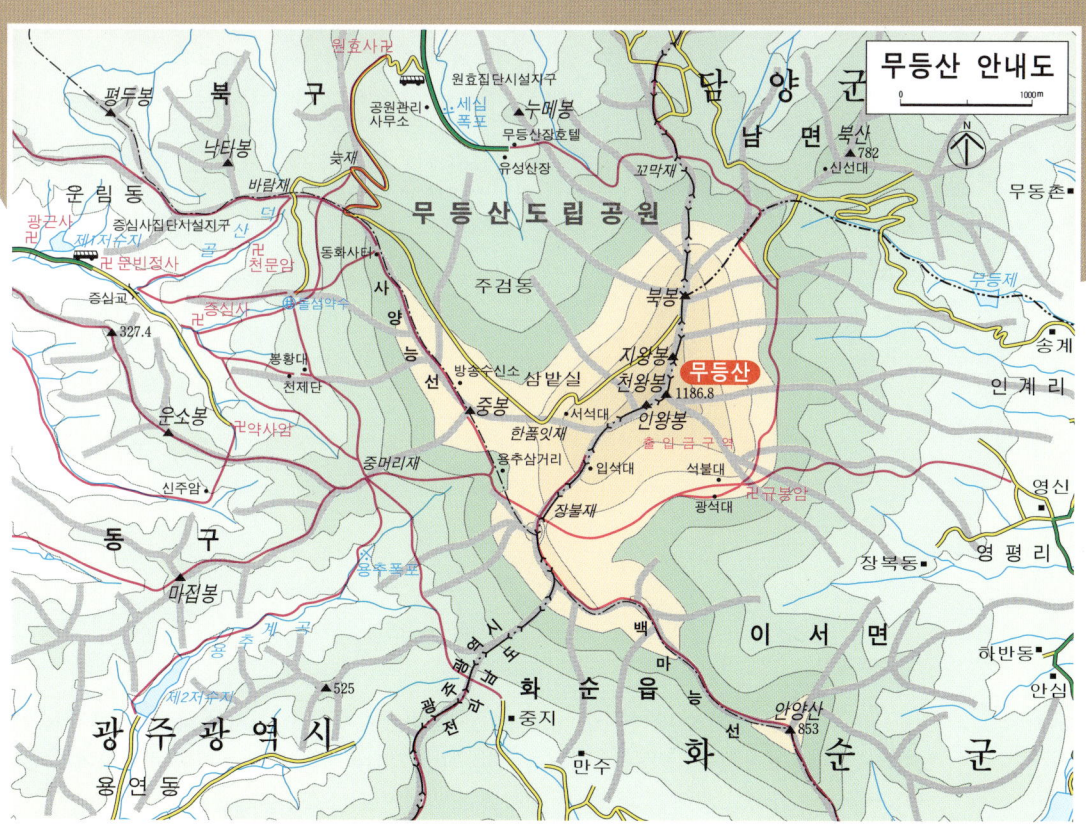

八公山

팔공산은 신라다. 신라 하면 경주 아니겠느냐 하겠지만 거기서 그 정치한 문화를 희나리만 보고 느낄 수 있기는 보통사람들의 몫이 아니다. 팔공처럼 걱실걱실한 상태로 천년여를 이어져 내려온 것이라야 손에 잡히고 품에 든다. 그대, 신라를 느끼려거든 팔공에 올라볼지어다.

09

통일의 원동력 일군
신라의 중악

팔공산

팔공산은 신라다. 심상(心象) 불교와 기상 화랑정신이 오롯이 살아 있는 터다. 정신과 힘의 두 기둥이었던 원효와 김유신이 바로 이 산에서 도를 닦아 통일을 이루었다.

그 신라의 가운데였다. 그래서 가운뎃산 중악(中岳)으로 모셔졌다. 토함산, 계룡산, 지리산, 태백산을 사방에 거느린. 팔공산에게는 신라의 서울 경주의 토함산조차 변두리에 지나지 않았던 것이다. 그래서 신라는 그 아래 달구벌로 서울을 옮기려 했고 경주, 상주로 대표되던 경상도의 수도(首都)는 마침내 1601년 대구로 귀결됐다.

대구, 칠곡, 인동(지금의 구미 인의동을 중심으로 했던 낙동강유역 고을), 의흥(군위군 의흥면), 신녕(영천군 신녕면), 영천, 하양(영천군 하양읍), 경산의 여덟 고을에 걸쳐서 팔공산이라고 한다. 동은 28번 국도, 서는 낙동강, 남은 금호강, 북은 인동~의흥선에 이르는 엄청난 덩치다. 국립지리원의 5만분의 1 지도 여섯 장 — 선산, 군위, 화북, 왜관, 대구, 영천 — 을 붙여야 전모를 볼 수 있을 정도다.

높이 1193m. 800m 이상만 해도 파계재 어름에서 갓바위까지 12km쯤 된다(도상거리). 팔공산의 주릉이다. 잇수로는 30리. 산길임을 감안하면 열두 시간은 걸리는 거리다. 내처 가산산성을 거쳐 다부동까지 간다면 능성고개를 기점으로 25.5km. 하루 열 시간씩 걷는 것으로 쳐도 꼬박 이틀 반은 잡아야 하는 장대한 산맥이다.

그렇지만 이는 대구산악인들에게는 식은 죽 먹기다. 해마다 60km 극복 등행대회를 하는 그들에게는 주말산행거리밖에 안 되는 거리인 것이다.

산악인이 아닌 일반인에게도 그건 마찬가지다. 우연히 만난 30대 남자조

팔공산 동봉과 동봉 서쪽 안부의 헬기장에 서 있는 약사여래불.

심상 불교와 기상 신라의 화랑정신이 오롯이 살아 있는 터.

차 "전문적으로 산을 타는 사람도 아니고 결혼 후에는 산에 잘 가지 못하지만 갓바위에서 동봉까지 50번은 갔을 것"이라고 할 정도다. 갓바위에서 동행했던 중년과 초로의 남자들도 동봉까지 가겠다고 했고 신령재에서 만난, 동봉에서 온다는 청년들도 갓바위를 목표로 하고 있었다. 하나같이 산길 8km쯤은 우습게 아는 사람들이다.

팔공이 그들을 그렇게 키웠다. 직선에 가까운 구배 적은 능선 저 멀리 상봉 비로봉이 손짓하는 형세로 "하면 된다"는 의지를 천여 년 동안 길러왔던 것이다. 그래서 주릉은 아무것도 모르는 외지인에게조차, 김유신이 수도했다는 돌구무절에 가보지 않고도 신라인의 기상을 깨닫게 한다.

직선적인 주릉에서 화랑의 자취를 보았다면 불교의 냄새는 그 주릉을 넘나드는 곡선에서 맡아야 한다. 파계사에서 파계재를 넘어 삼존석굴과 오도암터를 더듬고, 오도재를 지나 동화사로 갔다가 신령재 저쪽의 수도사로 해서 빙 둘러 은해사, 그리고 마지막에 갓바위를 오르는, 弗 자를 그려봐야 한다.

파계사에서 가장 눈여겨볼 것은 그 풍수다. 택리의 입구부터 좌우에서 덮치듯 하던 산세가 1500m 안쪽에서는 거짓말처럼 물러나 사리를 담은 항아리처럼 절을 싸고 있는 형국을, 원통전 부처님에게 절 한 번 하고 뒤돌아보아야 한다. 이어 파계재로 올라가 두루미병 같은 전모를 보고 그 두루미병이 왕산에서 응해산에 이르는 긴 주둥이를 가진 또 하나의 두루미병 안에 담겨 있음을 확인할 일이다.

재 너머에는 국보 제109호의 군위삼존석굴이 있다. 토함산 석굴암보다 먼저 만들어진 팔공식 신라다. 석굴암 본존불의 완벽한 세련미에는 좀 못 미치지만 그와 달리 인간적 냄새가 풍기는, 서라벌을 있게 했던 달구벌의 저력이다.

한국에서 치성객이 가장 많이 찾는 곳 중 하나인 갓바위부처(보물 제431호).

오도암(悟道庵)터는 원효불교가 완성된 자리다. 은해사 가까이 있는 불굴암(佛屈庵)에서 머리를 깎은 경산 출신의 이 성인이 해골바가지에 담긴 물을 먹고 당나라 유학이 쓸모없는 짓임을 깨닫고 돌아와 머문 삼성암(三聖庵)에 이어, 마침내 해동불교라는 독창적 논리를 완성한 성지다. 이런 뜻 깊은 터에서 유학 가지 않고도 마침내 이르른 신라불교의 원숙성을 깨달으면 그대는 벌써 오도재 마루에 서 있다.

팔공은 불교의 중심지로서
원효를 기르고 의상을 키웠다.

염불암, 양진암, 내원암, 부도암, 비로암… 골짝마다 틀거지한 암자들을 더듬다보면 어느새 동화사다. 쑥돌로 된, 1994년 정치뇌물사건으로 세상을 떠들썩하게 한 그대불을 보고 금당암을 거쳐 폭포골을 거슬러 가면 팔공이 어떻게 이런 함초롬한 계곡을 가꿀 수 있었을까 싶을 것이다.

그 너머의 공산폭포 앞에 서면 긴가민가 하던 생각은 고개를 끄덕이고 있다. 그때 그대는 수도사에 거의 다 와 있다.

치산동, 왕산동, 치일동, 은해사, 백흥암, 돌구무절, 묘봉암, 인봉을 지나 줄지어선 암봉을 차례차례 돌아가면 마침내 돌판을 머리에 인 갓바위(부처)에 닿는다.

400여 m의 가파른 산길을 올라온 수백 명의 아낙네들이 김유신 장군 상호의 부처에게 수없이 절을 해대는 그 광경은 경이다. 거기서 그대는 경주 남산에 왜 그리 돌부처가 많은지, 동화사가 어떻게 그런 엄청난 대불을 세울 수 있었는지, 전두환 씨가 백담사에 머물 때 수십 명이 물에 빠져 죽은 사고에도 불구하고 왜 그리 많은 사람들이 끊임없이 몰려갔는지 한꺼번에

파계사에서 파계재로 오르는 호젓한 산길.

알 수 있게 되리라. 갓바위부처는 동화사에 속한 것이고 백담사 위에는 봉정암 석가사리탑이 있다.

　아울러 그대는 신라가 삼국통일을 이룰 수 있었던 원동력이 무엇이었는지도 깨닫게 되리라. 산꼭대기의 부처를 보러 밤낮없이 오르는 그 어머니들이 아들들을 강하게 키웠고 부처에게 시주하듯 나라에 바쳐 전장으로 보냈기에 그것은 가능했던 것이다.

　그때 부처는 "병이 몸에 닥쳐 지킬 수 없고 의지할 곳 없고 어떤 약으로도 치료받지 못하는 자들이여 다 내게로 오라. 나의 이름을 들으면 너의 모든 병이 씻은 듯이 없어지리라." 하고 속삭일 것이다. 그 부처는 "나의 몸 유리

팔공산 유일의 폭포인 공산폭포.

와 같이 청정해서 광명일월보다 더 밝아 중생을 질병에서 구해주고 죽음에 이르러 저 맑은 유리세계로 인도하는" 약사여래불인 까닭이다.

팔공은 불교의 중심지였다. 원효뿐 아니라 의상도 이 산자락에서 수도하며 운정사를 창건했다. 대각국사 의천은 나라에서 맨 처음 만든 대장경과 속장경을 여기 부인사에 두었고 지눌은 거조사(암)에서 조계종 창안 발기문을 발표했다. 그리고 고려말의 대선사 일연은, 산자락의 인각사에서 저 귀중한 역사책 『삼국유사』를 지었다.

신라의 중심이라는 중요한 지정학적 위치라 건곤일척(乾坤一擲)의 싸움도 종종 벌어졌다. 신라말 김우징은 달구벌 일전으로 민애왕인 김명의 군대를 무찌르고 신무왕이 되었고 왕건은 견훤과의 공산싸움 — 일명 동수대전 — 에서 목숨을 잃을 뻔했다. 그때 왕건을 대신해 죽은 김락과 신숭겸 두 장수는 왕산 밑의 표충사에 모셔져 대대로 기림을 받아왔고 전이갑은 동화사 앞 자연공원에 신도비로 세워졌다.

 한국전쟁의 치열한 싸움터 다부동은 가산 아래 있다. 1950년 8월 4일부터 9월 15일까지 한 달 열이틀에 걸친 그 전투에서 공산군을 막아내지 못했다면 대구, 아니 대한민국은 지금 공산국가로 되어 있을지도 모른다.

 한마디로 말도 안 되는 대결이었다. 병력 수는 21,500 대 7600, 사단 대 대대의 싸움이었고 우리에게는 한 대도 없던 전차를 저들은 40대(20대는 자주포)나 가지고 있었으며 곡사포는 80 대 12, 박격포는 350 대 130, 총체적 전력 비교로는 10 대 1의 전투였던 것이다. 그런 악조건 속에서 국군은 "전우의 시체를 넘고 넘어" 나라를 지켜냈다.

 그 이면에는 "젊은 애들이 피를 흘리고 있는데 어떻게 가만 보고 있을 수 있겠느냐"며 60, 70kg씩 되는 보급품을 지고 가파른 산등성이를 올라 일선

동봉에 있는 노적봉 기슭의 골프장.

중대까지 배달해주었던 노무자, 팔공 사람들의 분투가 있었다. 그건, 공산 싸움에서 죽은 만 명이 발휘했던 팔공정신의 구현이었다.

팔공정신은 지지 않으려는 오기와 뚝심이다. 신라의 주력군으로서 고구려와 백제를 쳐부수고 지배해본 자의 자존정신이다. 그래서 고려의 개경, 조선의 한양으로 나라의 중심이 바뀐 뒤에도 그들은 끊임없이 권력의 헤게모니에 도전해 그것을 차지해왔다. 경상도 사람들이 다분히 권력지향적이라거나, 제1공화국 때 제1야당도시였던 대구가 그쪽 사람들이 정권을 잡은 3·4·5·6공화국 때는 잠잠하다가 헤게모니를 잃게 된 문민·참여정부 시대에 다시 야당도시로 탈바꿈한 것은 우연한 일이 아니다.

팔공정신은 '가운데의식'이기도 하다. 백두대간, 낙동정맥, 낙남정맥으로 둘러싸인 신라의 가운데에 팔공산이 있듯 그 아래 대구는 모든 경상도길이 모이는 심장이라는 믿음이다. 그래서 대구 사람들은 부산에 첫째 자리를 내준 지금도 "부산쯤이야… 금호강에 모두 나가 오줌 한 번 갈기면 꼼짝 못한다."고 으쓱거린다. 이런 이들이 어찌 권력의 변두리에서 맴돌고만 있겠는가.

광주 사람들이 무등을 신이요 어머니로 모실 때 대구 사람들은 팔공을 도장이요 아버지로 삼았다.

이런 관점으로 보면 광주 사람, 전라도 사람들의 입장도 쉬 이해가 된다. 인구와 면적이 턱도 없이 작고 부족하면서도 그들이 언제나 대구 사람, 경상도 사람들에게 라이벌의식을 갖는 것은 나라를 운영해본 경험의 기억을 갖고 있기 때문일 것이다. 게다가 그 나라 백제는 신라보다 훌륭한 문화를

가졌었다고 자부하고 있어서 더 그렇다.

  그리하여 광주 사람들이 무등을 신이요, 어머니로 모실 때 대구 사람들은 팔공을 도장이요, 아버지로 삼아왔다. 그래 팔공산은 아버지산 부악(父岳)으로 불렸고, 광주 사람들이 매년 무등에 올라 망년의 해원굿을 한다면 대구 사람들은 팔공을 달린다. 똑같이 정상에 국가시설물이 있지만 광주 사람들이 "반드시 철거"를 주장할 때 대구 사람들은 "저것이 우리를 지켜주는데…" 하며 당국의 입장을 이해하려 한다. 신과 도장은 이처럼 다른 것이다.

팔공산은 신라다. 신라 하면 경주 아니겠느냐 하겠지만 거기서 그 정치한 문화를 희나리만 보고 느낄 수 있기는 보통사람들의 몫이 아니다. 팔공처럼 걱실걱실한 상태로 천년여를 이어져 내려온 것이라야 손에 잡히고 품에 든다. 그대, 신라를 느끼려거든 팔공에 올라볼지어다.

송신탑과 안테나들 때문에 출입이 금지되어 있는 상봉 비로봉과 서봉.

팔공산 여행 포인트

TOUR POINT

| 찾아가는 길 |

승용차 : 고속도로가 그물처럼 얽힌 대구라 접근하기가 좋다. 그렇지만 어디서 오든지 경부고속도로로 들어 북대구나들목으로 나와야 한다. 물론 동화사나 능성고개로 갈 경우이다.
다부동으로 입산할 경우에는 중앙고속도로 다부나들목을 이용하는 것이 빠르다.
대중교통 : 버스와 기차가 다 편리하다.

| 볼거리 |

팔공산 최대의 절 동화사에는 입구의 마애불좌상(보물 제243호)과 당간지주(보물 제254호), 비로암 석조비로자나불좌상(보물 제244호)과 3층석탑(보물 제247호), 금당암 3층석탑(보물 제248호), 갓바위부처라고 하는 관봉석조여래좌상(보물 제431호)의 여섯 보물이 있다.
북지장사는 대웅전(보물 제805호), 파계사는 영산회상도(보물 제1214호)와 목관음보살좌상 복장유물(보물 제992호), 은해사는 괘불탱(보물 제1270호), 백흥암은 극락전(보물 제790호)이 자랑거리다. 산 북쪽에는 군위삼존석굴(국보 제109호), 동쪽 환성사 대웅전(보물 제562호), 불굴사 3층석탑(보물 제429호)이 있다.
대구 시내에서는 옛 경상감영 건물들을 옮겨 꾸민 달성공원을 둘러보아야 한다. 삼국시대 토성인 달성감영(사적 제62호)의 동헌 선화당과 등청각, 정문 문루였던 관풍루를, 대구부성을 헐던 1906년에 옮겨 세웠다.

頭輪山

"두륜산." 발음하기도 어렵다. 입 안에서 혀를 굴려 리을 소리를 내야 하니 입술이 앞으로 쥐고기처럼 튀어 나온다. "두른산." 훨씬 편하다. 산봉우리가 둘러 봄 긴 분지를 만든 형세도 쉬 상상이 된다. 두륜산은 두른산이다.

10

긴 봄 긴 가을의 남쪽 나라 무릉도원

두륜산

두류산은 화분(花盆)이다. 우묵한 890정보의 분지에 겨울꽃 동백·비자·후박·굴참나무 같은 잎 넓은 상록수가 즐비하고 천연기념물(제173호)로 지정된 왕벚나무 두 그루가 늘 봄을 노래하는, 실재의 무릉도원이다. 사시사철 기화요초가 피는 이상향적 땅이다.

화분의 운두는 대둔사(옛 대흥사) 대웅보전 뒷산인 고계봉(638m), 상봉 가련봉(703m), 주봉 두륜봉(673m), 국립지리원 지도에 대둔산으로 표기된 도솔봉(672m), 연화봉(613m), 혈망봉(379m), 향로봉(469m)의 7봉으로 연결되어 있다. 왼손을 오목하게 하고 엄지를 향로봉에 놓으면 검지는 고계봉, 장지는 가련봉, 약지는 두륜봉, 소지는 도솔봉을 이루는 형국이다. 이때 아귀로 손바닥 안의 물이 빠져 장춘구곡을 이룬다.

1973년부터 18년간의 평균기온이 12℃에서 14℃ 사이니 식물이고 사람이고 더할 나위 없이 살기가 좋다. 우묵지 이름이 봄 긴 골 장춘동(長春洞)이 된 것은 우연한 일이 아니다.

대개의 바람 남동풍이 우묵지를 지날 때는 푄 현상이 일어난다. 그리하여 우묵지는 봄이 빨리 오고 가을이 더디 간다. 간혹 부는 북서풍은 또 들어올 구멍을 찾지 못한다. 봄 긴 골의 비결은 바로 여기에 있다.

비오는 날이 143일로 일 년의 40% 가량 된다. 흐린 날이 131일, 안개 낀 날이 8일, 맑은 날은 85일밖에 안 된다. 한 마디로 고온다습한 해양성 기후다. 그래서 곳곳의 나무와 돌은 언제나 파란 이끼에 덮여 있으나 물 잘 빠지는 규암으로 된 지층이라 홍수는 드물다.

두륜산의 좌청룡 도솔봉 쪽에서 본 주봉 두륜봉과 우백호 고계봉, 상봉 가련봉(왼쪽부터).

봄이 빨리 오고 가을이 더디 가는 우묵지 안에는
그 흔한 소나무가 눈에 띄지 않는다.

아직 나무에 물 오르지 않은 봄날 가련봉에 오르면 그대는 꿈 같은 사실을 발견하게 된다. 우묵지 안에는, 우리 나라 어느 곳에서든 눈에 뜨이는 소나무가 없다. 초록빛을 띤 것은 동백나무나 후박나무들뿐이다. 그러나 우묵지 바깥으로 눈을 돌리면 그곳에는 동백나무 대신 소나무가 온 산을 덮고 있다. 그것은 봄꿈이 아니라 현실이다.

외부로 통하는 길목인 장춘계곡이 좁고 북향이라 들머리 찾기가 쉽지 않다. 계곡물은 구림리 앞들에서 금세 땅 속으로 스며들어 큰 골이 있다는 표시를 지운다. 포장도로와 이정표만 없다면 정말 이리로 가는 게 맞나싶을 정도다. 서산대사가 지목하지 않았다 하더라도 영락없는 물(기근), 불(역병), 바람(전란)의 삼재불입지지(三災不入之地)다.

풍수가에서는 이곳을 가리켜 아홉 마리 용이 여의주를 다투는 구룡쟁주(九龍爭珠)의 명당이라고 한다. 아홉 봉우리에서 내려온 산릉의 용이 대둔사 일주문 앞 아우라지에서 머리를 맞대고 있는 형국이어서 그렇다. 이런 곳에서는 천추혈식(千秋血食)하는, 천년 동안 제사를 받는 현인이 나온다고 일컬어진다.

대둔사의 금당인 대웅보전 있는데는 아무리 보아도 그런 자리가 아닌 성 싶다. 그것은 Y자 모양의 합수머리 가운데가 아닌 왼쪽, 움푹 들어간 곳에 자리 잡았다. 명당이 있으리라 짐작되는 합수머리 가운데는 천불전과 표충사, 대광명전이 있다. 진짜 명당은 어느 것인가? 그걸 살피러 안산(案山) 향로봉을 오른다.

향로봉 정상부에는 두 곳의 바위턱이 있어 전망이 좋다. 책상다리를 하고 앉으면 우묵지 전체가 한눈에 들어온다. 도솔봉에서 비롯한 청룡과 고계봉의 백호가 힘차게 내리뻗고 상대적으로 약한 두륜봉의 입수(入首)도 한층 살아나 보인다.

두륜산의 명물 천연구름다리.

그 입수가 솟구쳤다 가라앉은 두물머리 가랑이 사이에 있는 명당은? 놀랍게도 표충사(表忠祠), 서산대사의 사당이었다.

임진왜란 때 승병 총대장을 한 서산대사는 난이 끝난 지 6년 뒤인 1604년 묘향산 원적암에서 입적한다. 그러면서 자신의 의발(衣鉢)을 고향 안주 근처의 묘향산도 아니고 애제자의 절도 아닌 대둔사에 안치하라고 유언한다. 이를 받은 대둔사에서는, 모르긴 해도 그걸 부처님 진신사리보다 더 소중히 모셨을 것이다.

초의선사가 머물며 다도를 정립했던 일지암.

사리야 그 영험 때문에 신도나 모아주겠지만 승병을 일으킨 공로로 정2품, 판서와 맞먹는 벼슬을 받았던 서산대사의 의발이다. 불가에서는 또 혹심한 조선시대의 종교 탄압을 누그러뜨리게 한 구세주로 추앙받는 이의 전법 상징이다. 이처럼 불가와 세속의 양면으로 무궁무진한 위력을 발휘할 여의주 같은 존재를 어찌 대수로이 여기겠는가?

효과는 이내 나타났다. 이후 대둔사에서는 열세 명의 대종사와 열세 명의 대강사가 배출되었던 것이다.

천동과 천녀의 전설이 서린 천년수.

세속적으로 받은 음덕은 더욱 컸다. 전쟁이 끝나고 평시로 돌아가면서, 천민취급 당하던 승려들의 위상 또한 원래대로 되었음에도 불구하고 정2품의 작위를 갖고 있던 대둔사는 주변 6군의 군수가 봄

가련봉 쪽에서 만일재 억새밭으로 내려오는 등산객들.

가을로 와 제사를 지낼 정도의 특례대우를 받았다. 표충사 의중당은 그 6군 군수들이 제물을 진설하던 곳이다.

이런 위세 덕분에 대둔사는 1664년에 대규모 중창불사를 벌여 창건 이후 처음으로 규모를 갖춘 절이 된다. 대웅보전 근처의 가람이 이때 세워졌는데 5년 뒤에 표충사가 세워진 것을 보면 가장 좋은 자리는 '대사님 자리'로 미리 정해 놓고 '부처님 자리'를 잡았던 것 같다.

표충사가 건립될 때는 정조 임금이 친필 편액까지 내렸다. 그것을 따라왔을 중앙 및 지방 관청의 지원을 상상하면 서산대사가 벗어놓고 간 옷과 밥그릇의 위력이 얼마나 컸는지 얼추 상상이 간다.

오심재의 여성산악인과 노승봉.

구룡쟁주의 명당에 보물은 잘 모셨다. 그렇다면 천추혈식은 누구인가?

그는 아무래도 마지막 대종사였던 초의선사 의순인 것 같다. 다른 대종사들도 집안(불가)에서야 천추만대 우러름을 받겠지만 다성(茶聖)으로 일컬어지는 초의선사처럼 문도(門徒)와 문외한에게 두루 기림을 받는 이는 달리 없기 때문이다. 그가 다도를 꽃피웠던 일지암(一枝庵)은 두륜봉에서 표충사로 내려오는 입수 등날의 가운데, 오대산의 적멸보궁 같은 위치에 있다.

두륜산의 두륜은 백두산의 '두 頭'자와 곤륜산의 '륜 崙'자를 합한 것이라고 한다. 그러다 중간에 '산이름 륜' 자가 '바퀴 륜' 으로 바뀌어 두륜산(頭輪山)으로 변했다고 한다. 이런 근거에서 옛날의 륜자를 회복해야 한다고 주장하는 사람도 있다.

능허대라고도 하는 노승봉의 정상.

그렇지만 산이름이란 풍수지리나 한자에 능한 식자들이 아니라 그 산 아래 사는 민초들이 짓는다는 것이 상식이다. 그렇게 지어져 불리다 후일 어떤 양반이나 관리에 의해 의젓한(?) 한자이름을 갖게 되는 것이 일반적인 수순이다.

두륜산은 곤륜산에서 비롯된 북룡(北龍)이 백두산에서 일어섰다가 땅끝 가까이에서 다시 한 번 솟았다는 뜻이라고도 한다. 그 산자락에서 누대를 살아온 자존심 있는 민초들이 들으면 웃기는 수작 말라고 할 것이다(실은 중국에는 곤륜산이라는 산이 없다. 곤륜산맥이 있을 따름이다. 그들은 산도 산맥도 모두 산이라고 한다). 머리가 바퀴처럼 둘렀느니 어쩌느니 하면 귀신 씨나락 까먹는 소리 한다고 할 것이다.

"두륜산." 발음하기도 어렵다. 입 안에서 혀를 굴려 리을 소리를 내야 하니 입술이 앞으로 쥐고기처럼 튀어 나온다.

"두른산." 훨씬 편하다. 산봉우리가 둘러 봄 긴 분지를 만든 형세도 쉬 상상이 된다.

두륜산은 두른산이다.

TOUR POINT

두륜산 여행 포인트

| 찾아가는 길 |

승용차 : 산 또아리의 가운데인 장춘구곡은 해남읍 정남쪽에 있다. 해남은 서해안고속도로를 타고 북쪽에서 올 경우 영산강하구언을 건너 2번 국도를 따르다 성전에서 13번 국도로 갈아타면 된다. 호남고속도로에서는 광산나들목으로 나와 13번 도로를 타고, 서쪽에서는 2번 국도만 좇아오면 된다.

대중교통 : 서울 강남고속버스터미널에서는 7회, 광주에서는 17회(20분 간격), 목포에서는 6회, 부산에서는 7회 버스가 운행된다.

장춘구곡 입구의 집단시설지구로는 군내 버스가 30분 간격으로 운행한다. 집단시설지구에는 고계봉 바로 아래까지 올라가는 케이블카가 있다.

| 볼거리 |

안에서는 대둔사, 밖에서는 고산 윤선도의 고가인 녹우당(사적 제167호)을 보아야 한다.

대둔사에는 서산대사유물(보물 제1357호)과 부도(보물 제1347호), 응진전 3층석탑(보물 제320호), 북미륵암 3층석탑(보물 제301호)과 마애여래좌상(보물 제48호), 탑산사 동종(보물 제88호)이 있다.

녹우당에는 해남군 유일의 국보인 윤두서자화상(국보 제240호)과 해남윤씨가전(家傳)고화첩(보물 제481호), 지정14년노비문서(보물 제483호), 고산 윤선도수적(手蹟) 관계문서(보물 제482호)가 있다. 녹우당에서 장춘구곡 옆의 백도치를 넘으면 윤선도의 묘가 있는 금쇄동이 나온다. 생전에도 살아『산중신곡』을 지은 데라고 하나 사실은『어부사시사』의 배경 같다. 녹우당의 재목은 6km 남쪽의 현산까지 배로 날랐고 그 바다 풍광은『어부사시사』그대로이기 때문이다.

智異山

부신 눈을 비비며 산으로 고개를 돌리면 하늘 저 높은 곳에서 좌 제석, 우 촛대의 천왕삼진(三陣)이 내려다보고 있다. 발 밑의 피아골 건너편 불무장등의 이랑 너머에, 화개동천 넓은 골을 한달음에 건너뛴 다음 벽소령능선과 남부능선을 좌우로 배치하여, 쳐다볼수록 웅장한 대지리산을 보여준다.

11

3도 여섯 고을에 그림자 드리운 거대한 산국

지리산

지리산은 크다. 높고도 넓고 그리고 깊다. 3도 여섯 고을 함양, 산청, 하동, 구례, 남원, 운봉(현)에 그림자 드리운 거대한 산국(山國)이다.

1000m 이상의 주릉만 해도 110리나 된다. 실상사 서쪽의 덕두산(1149.9m)에서 천왕봉 북쪽 쑥밭재(1315.4m)까지다(도상거리 기준). 삼남의 지붕 용마루가 된다.

용마루에서는 열댓 개의 내림마루가 흘러내리고 있다. 내림마루 사이에는 또 그만큼의 골짜기들이 있다. 하여 모두 1억 4천만 평의, 장엄한 산덩이를 이룬다.

이 대악(大嶽)을 느끼려는 자여! 불문곡직하고 무조건 주릉으로 올라갈지어다. 그래 사흘이고 닷새고 줄창 걸어 천왕봉에 이르른 다음 골골이 속속이 뒤져볼 일이다. 지리산은 설악산과 달라 "열 번 넘게 갔지만 대청봉은 한 번도 밟아보지 못했다."가 자랑이 될 수 없는 산이니.

당연히 서쪽에서 시작해 동쪽에서 마친다. 등산이란 모름지기 정상에 서기 위한 행위인데 그 목표가 동쪽 끄트머리께에 있기 때문이다.

동쪽에 사는 사람도 문제가 없다. 경부선, 경전선과 이어진 전라선 열차가 밤새 지리산 발치를 돌아가기 때문이다. 그렇게 산으로 들어가는 구미·대구·부산·창원·마산·진주의 산악인들, 기적 소리가 은은한 산노래 '파이브 헌드레드 마일즈(Five Hundred Miles)'로 들릴 것이다.

서울·수원·대전·전주·순천·여수 사람들은 그냥 역전으로 나가면 된다. 광주·목포 사람들은 곡성에 차를 세우고 열차로 오를 것이다. 백두대간이라는 산덩굴 끄트머리에 호박처럼 매달려 사방 열읍(列邑)의 사랑을

남쪽으로 섬진강이 흘러 종종 운무에 싸이는 지리산 골짜기들.

"아! 지리산" 저도 모르게 탄성이 터져나오는
산세와 풍경이 거대한 산국(山國)을 이루는 지리산

영신봉 진달래밭에서 반야봉으로 뻗은 주릉과 산악인들.

한결같이 받는 지리산은 철마 덕분에 이처럼 '국민의 산'이 되었다.

신새벽에 화엄사골을 오르는 이는 천지 개벽의 장엄한 풍경을 보게 되리라. 골 양쪽 반공(半空)의 등성이가 어둠을 털고 일어나는 '아침 이미지'를 체험하리라. 하여 지리산 깊음을 가슴 떨리도록 실감하리니… 언필칭 지리산 감상법의 첫 차례다.

코가 땅에 닿을 만큼 가파른 코재에 올라섰을 때 발 아래 구름바다가 펼쳐져 있다면 그것은 두말이 필요 없는 지리십경의 맏이, 노고운해다. 그대가 기차에서 내릴 때 안개가 자욱했다면 저 구름바다 밑창을 기어기어 마침내 그 수면 위에 다다른 것이다. 날개가 없어 허구한 날 2차원에만 머무르던 인간이 순수히 3차원의 경지에 도달한 것이다.

제2봉 반야(1732m)에 서면 가야 할 아득길이 '갈 지 之' 자를 그리고 있다. 한달음에 건너뛸 듯한 토끼봉에서 계속 왼쪽으로 나아가면 명선봉과 삼각봉, 반환점 삼각봉에서 오른쪽으로 틀면 덕평·영신·촛대봉, 글자 모양처럼 하늘금을 따라 허위허위 가다보면 낟가리 같은 절정이 좌우 균형잡힌 구도 속에 한 폭의 그림을 이룬다.

바쁘지 않은 일정이라면 여기서 어둠이 깔릴 때까지 앉아 있는 것도 좋으리라. 개벽을 본 눈으로 그날의 명멸(溟滅)을 지켜보는 것이다. 그대가 좌정한 자리는 지리3경 반야낙조의 현장이다.

그녀는 막차를 타고 지리산으로 떠났다. 누구와 결혼하는 것이 좋은지 나쁜지 지리산신에게 물어봐야 한다면서, 반야봉에서 낙조를 보며 마음을 정해야겠다는 것이었다.

　며칠 후 "당신과 결혼하겠어요."라는 내용의 편지가 왔다. 그러나 그 혼인은 끝내 이루어지지 않았다. 깜깜 직전의 하늘빛으로 가슴에 울혈이 진 사내는 이후 평생 사랑을 하지 않았다.

　그 붉은 마음을 그대는 아는가/사랑하고 싶어도 사랑하지 못한/그 붉은 마음을 그대는 아는가/그 찬란한 여름의/푸른 청춘이 부질없이 지나가고/사랑하고 싶어도/늘 한 발 늦게 오는 사랑 앞에서/뜨겁게 절규하는/그 붉은 마음을 그대는 아는가.

　반야봉에서는 이런 러브스토리도 충분히 있을 수 있다. 바로 아래 뱀사골 산장이 있기 때문이다. 여자 혼자서도 황혼을 기다리며 발밑의 지리2경 피아골 단풍을 한가로이 감상할 수 있다.
　백십리 길 마루타기는 쉬운 노릇이 아니다. 그렇지만 지리산에서는 중도 포기하는 사람이 거의 없다. 저 희망의 등대 천왕봉이 언제나 앞길을 비춰주고 있기 때문이다. 하루하루, 시간시간 가까와짐을 보임으로써 스스로 힘

한겨울의 지리산. 드물게는 11월에 이런 풍경이 펼쳐지기도 한다.

을 내도록 격려한다. 동네 아줌마나 아저씨들끼리 온 팀조차 "이제 설악산도 문제 없다."고 장담할 수 있게 한다.

지리4경으로 유명한 벽소령을 지나면서부터는 짐도, 몸도 상당히 가벼워졌을 것이다. 마음까지 산에 물들어 경치도 이제 제대로 보이리라. 그대는 모름지기 동부지리산으로 들어가고 있다.

백십리 길 마루타기는 쉬운 노릇이 아니다.
그렇지만 지리산에서는 중도포기하는 사람이 거의 없다.

연하선경(烟霞仙境)이라 했던가? 푸르스름한 남기(嵐氣) 속에 산릉들이 물결친다. 치렁치렁한 곡선들이 염색공장 뒤란의 빨랫줄처럼 밀려온다. 가까운 건 진하고 멀어질수록 희미하더니 아득한 반공에 이름 모를 산이 떠 있다.

무엇인가, 저건? 이 지리산에 도대체 주릉과 맞설 수 있는 높은 산이 따로 또 어디 있었단 말인가? 찾아보는 지도에 떠오르는 이름은 삼신봉(1354.7m)이다. 저기까지 용마루의 높이를 에누리없이 유지하는 남부능선 최고봉이다.

낙남정맥과 하동 형제봉능선이 갈리는 삼신봉 남쪽에는 청학동이 있다. 더 아래 회남재 너머에는 악양벌이 펼쳐진다. 그 벌판 주변에는 악양루와 동정호, 고소성과 한산사가 포진했다. 남부능선은 제10경 섬진청류와 주변 승경을 굽어보려는 지리산이 ㄴ자 집 모양의 백십리 주릉에 잇대어 지은 누마루 채인 것이다.

섬진강 맑은 물은 그러나 왕시리봉(1243m)에서 보아야 맞다. 거기서 강은 불면 꺼질 듯, 모래밭의 살얼음처럼 반짝이고 있다. 하동 금오산을 돌아 움직이지 않는 듯 미끄러지며 바다로 가고 있다. 섬들이 쇠똥처럼 떠 있는 남해바다로.

부신 눈을 비비며 산으로 고개를 돌리면 하늘 저 높은 곳에서 좌 제석, 우 촛대의 천왕삼진(三陣)이 내려다보고 있다. 발 밑의 피아골 건너편 불무장등의 이랑 너머에, 화개동천 넓은 골을 한달음에 건너뛴 다음 벽소령능

피아골의 계류. 가을 단풍으로 유명한 계곡이다.

선과 남부능선을 좌우로 배치하여, 쳐다볼수록 웅장한 대지리산을 보여준다. 그대, 이제 지리산의 높음을 보았는가?

　지리산의 넓음은 실상사에서 느껴야 한다. 거기서 산들은 저만치 물러나 바다 같은 하늘을 열어놓고 있다. 하늘 끝 아득히 먼 가장자리에는 천왕봉이 걸려 있다. 백두대간 또아리 한가운데의 가장 궁벽한 땅이 가장 넓은 역설을 보여주는 것이다.

　그대여! 저 하늘 양떼구름으로 가득찬 날 실상사에서 하늘밭을 갈아보자. 천년 영화를 자랑하던 고찰은 보광전, 약사전, 극락전, 명부전, 칠성각뿐인 초라한 모습으로 전락했지만 참선결사의 염불소리 낭랑한 법당은 무항산(無恒産)이어도 유항심(有恒心)의 기개를 뿜어내고 있다.

　생이란 한 조각 뜬구름 일어남이요/죽음은 한 조각 뜬구름 사라짐/뜬구름이란 본래 실체가 없는 것/살고 죽고 오고감이 어찌 이와 다르리(生也一片浮雲起　死也一片浮雲滅　浮雲自體本無實　生死去來亦如然).

　덕평봉 내리막 선비샘에서는 누구라도 목욕재계를 한다. 홀로 나선 길이

든 동무와 함께 가든 대쪽 같은 물대롱 샘물을 '코펠' 가득 담아, 쉰내 나는 적삼을 벗고 수건을 적셔 냉수마찰하고 비누 없이 머리를 감고 지성 공덕으로 천왕봉 배알 의식을 치른다.

정갈해진 몸과 마음으로 보는 지리산은 이제 다른 하늘로 변해 있다. 하마등처럼 너르평평, 그 옆구리 주름같이 부드러운 육산은 어디론가 사라지고 성깔 있는 반달곰인 양 바위들이 드러나기 시작한다.

이름이 좋아 칠선봉이지 일곱 암봉릉을 이리 돌고 저리 꿰면 영신봉 허리 두른 병풍바위가 앞길을 막고 있다. 어디로 올라야 하늘에 닿을까? 도대체가 오름길 없을 듯 높다란 벼랑 앞에는 금강역사 철퇴처럼 으스스한 독립봉까지 서 있는데….

그렇지만 걱정할 필요는 없다. 여기는 1967년, 나라 안에서 가장 먼저 국립공원이 된 지리산이다. 절벽 위로 올라서는 철계단은 틀림없이 마련되어 있고 그대는 그것을 따라 한 발 한 발 올라가면 될 뿐이다. 다만, 누르풀대죽으로 알았던 지리에 이런 이채도 있고 여기에 처음 길을 낸 개척자도 있었으리라는 것을 전설처럼 기억해줄 일이다.

지리산 북쪽 물을 모두 합해 흐르는 남강의 지류 임천강.

평평 산정 영신봉(1652m)은 올라서봐도 마찬가지, 남쪽으로 남쪽으로 끝이 없을 듯한 초원이다. 동쪽으로는, 굽어보이는 산장을 지나 완만한 촛대봉 고스락까지 테두리 낮은 소쿠리다. 이 땅에서 보기 드문 1600m 높이의 30리 둘레 고원더기. 그대여! 여기가 바로 그 유명한 세석평전입니다.

5월이면 이 높새들판이 진달래 꽃불로 덮인다. 연둣빛 새잎이 온 산을 물들일 때는 수줍은 분홍 철쭉 땡땡이 치마가 된다. 오룡거(五龍車)인 듯 초원을 쓸고다니던 장마가 현해탄을 건너가면 곰취꽃, 박새꽃, 눈개승마, 제비난초, 참당귀, 구릿대꽃이 무서리 무서리 피어난다. 소월의 노래가 아니라도 잔돌널밭에는 가을, 봄, 여름 없이 꽃이 핀다.

이 천상화원을 지나는 나그네여! 가던 걸음을 잠시 멈추고 풀꽃을 한 줌 꺾어라. 그대는 천왕에게 헌사할 것이 대충 씻은 몸뚱이밖에 없지 않은가? 하여 촛대봉 마루에 꽃불을 켜고 님의 앞에 설 일이다.

그때 그대는 눈앞의 풍경에 입을 다물지 못하리라. 천왕봉은 바로 코앞, 돌담 같은 연하봉능선 위에서 고개를 내민 채 그대를 기다리고 있다. "아! 지리산." 탄성이 저도 모르게 터져나오는, 사진에 없는 경이다.

연하봉 돌담 끄트머리 일출봉은 천왕봉 독대(獨對) 자리다. 거기서 산봉은 한없이 높고 유암폭포 골짜기는 바닥 없이 꺼져간다. 그 고스락에 앉아 구르는 돌, 부서진 바위들 모아 천년 경건을 불어넣어라. 사리처럼 투명한 감성으로 절정에 서라.

의식이 끝나면 단에 오르기 시작한다. 천왕의 왼쪽 협시(挾侍) 제석봉(1806m)이다. 그러나 보이는 건 지옥의 묵시록뿐. "살아 백 년 죽어 천 년이라고 무상의 세월을 말하는" 고사목들이 빨치산 사형장을 방불케 하고 있다. 난리통의 도벌 흔적을 없애는 눈가리개용이었던 구상나무들, 저들의 시위는 정녕 항복할 자유도 없었던 비운의 군대의 최후를 증언하는 것인가?

도망치듯 지옥 현장을 벗어나면 통천문(通天門)이 앞을 가로막는다. 여기를 통과하지 못하면 하늘로 오를 수 없는 수직굴. 지리산의 전설적 산사람인 우천 허만수가 처음 사다리를 놓았던 자리다.

허우천의 공덕을 새기며 통천문을 빠져나와 한 계단참, 두 계단참, 세 계단참… 바위벼랑에 놓인 철계단들을 답파해 마침내 도달한 천왕봉(1915.4m).

거기서 그대는 깨달았으리라, 지리산이라는 대종(大鐘)의 실체를. 저 아래 덕산 산천재(山天齋)의 남명 조식으로 하여금 "하늘이 울려도 울지 않는 지리산이여!" 하고 외치게 만든 근저를, 지리산 감상법의 위대한 클라이맥스를.

지리산 여행 포인트

Tour Point

| 찾아가는 길 |

산 북부에 있는 뱀사골·삼정능선·백무동·추성동(현재 휴식년제)은 남원, 남부의 화엄사골·왕시리봉능선·피아골·남부능선은 구례, 동부의 거림골·중산리코스·대원사계곡은 진주가 거점이다. 중부나 충청·호남지역에서는 하루 12회 있는 용산발 전라선 열차(06：50, 07：50, 08：50, 10：50, 12：50, 13：50, 14：45, 16：50, 17：50, 18：50, 21：45, 22：50)를 이용하면 된다. 이 가운데 21：45 열차가 진주행인데, 이것이 용산으로 돌아갈 때는 진주에서 22：20, 구례에서 00：05, 남원에서 00：35 출발하고, 서대전에 02：40, 용산에 04：46에 도착하므로 월요일 출근에 문제가 없다.

영남지역에서 갈 때는 대구를 기준으로 하루 6회 있는 진주행(08：10, 11：24, 14：17, 15：50, 20：17, 22：06)이나 부산 부전역에서 출발하는 진주행(05：00, 07：30, 13：10, 18：32)을 탄다. 부전발 열차는 막차만 아니라면 순천에서 전라선과 연결되므로 구례나 남원으로도 갈 수 있다.

진주에서는 중산리행 버스가 하루 16회 운행된다. 나오는 막차 시간은 19：40이다. 성삼재로 올라가는 버스는 구례에서만 있는데 겨울에는 운행을 중단하니 버스터미널(061-782-3941)에 확인을 해보는 것이 좋다.

산장을 이용할 경우 국립공원관리공단 홈페이지(www.npa.or.kr)에서 예약을 해야 한다.

| 볼거리 |

산에서는 지리십경 ① 노고단 운해, ② 피아골 단풍, ③ 반야봉 낙조, ④ 벽소령 밝은 달, ⑤ 세석고원 철쭉, ⑥ 불일폭포, ⑦ 연하천 선경, ⑧ 천왕봉 일출, ⑨ 칠선계곡, ⑩ 섬진강 맑은 물을 봐야 한다. 순서대로 더듬을 필요는 없지만 처음을 천왕일출이 아니라 노고운해부터 시작하는 것이 이상스레 여겨질 것이다. 지은이가 구례사람이었기 때문으로 1972년 지리산악회 우종수 회장이 발표했다.

구례는 지리산의 인문만이 아니라 불교문화에서도 독보적이다. 화엄사 하나에 세 개의 국보와 입곱 개의 보물이 있을 정도다. 각황전(국보 제67호), 쌍사자석등(국보 제12호), 4사(獅)3층석탑(국보 제35호), 대웅전(보물 제299호), 대웅전삼신불탱(보물 제1363호), 화엄석경(보물 제1040호), 동(서)5층석탑(보물 제132(3)호), 서5층석탑 사리장엄구(보물 제1348호), 원통전전(前)사자탑(보물 제300호)이다.

대웅전 앞 보제루를 간이박물관으로 쓰고 있는데, 구석의 초라한 종이쪽지를 꼭 보고 나올 일이다. 1958년 당시 조계종 종정 효봉스님이 총경 차일혁에게 주는 감사장이다. 내용은 1950년부터 6년간 서남지구전투경찰대 연대장으로 근무하면서 화엄사, 천은사, 쌍계사, 장성 백양사, 김제 금산사, 고창 선운사의 소실을 면하게 해준 데 대한 감사의 표시다. 이 국보와 보물들이 온전한 것은 서울시경에 기념관이 있는 자유당 시절의 '가장 비정치적인 경찰' 때문이었다.

연곡사가 감사장에 언급되어 있지 않은 이유는 구한말에 벌써 타버렸기 때문이다. 그럼에도 동부도(국보 제53호)와 서부도(국보 제54호), 동(서)부도비(보물 제153(4)호), 3층석탑(보물 제151호)의 보배들이 남아 있는데 정작 절집은 초라하다고 할 정도다. 그 이유를 알려주는 작은 비석 하나가 동부도 근처 동백나무 그늘에 있으니 의병장 고광순 순절비다. 임진왜란 때 첫 의병장 고경명의 후손인 그는 여기서 망해가는 나라의 귀족계급의 의무를 다했다.

구례 3명찰의 마지막 천은사에는 괘불탱(보물 제1340호)과 극락전아미타후불탱화(보물 제924호)가 있다. 연곡사 동쪽에 있는 쌍계사는 최치원이 쓴 것으로 유명한 진감선사대공탑비(국보 제47호)와 대웅전(보물 제500호), 대웅전삼세불탱(보물 제1364호), 팔상전 팔상탱(보물 제1365호)과 영산회상도(보물 제925호), 목조삼세불좌상 및 4보살입상(보물 제1378호), 부도(보물 제380호)를 자랑하고 중산리 쪽에서는 법계사 3층석탑(보물 제473호), 내원사 3층석탑(보물 제1113호), 석남암수(石南庵藪) 석조비로자나불좌상(보물 제1021호), 대원사 다층석탑(보물 제1112호)이 눈길을 끈다. 진주로 나가는 길에는 시천면 사리의 산천재와 덕천서원, 단성면 운리의 폐사지 단속사지에는 동(서)3층석탑(보물 제72(3)호)이 있다.

俗離山

명산치고 참 볼 것이 없다. 백두 이래 세 번째 석화성 – 석봉(石峯)이 불꽃처럼 뾰족뾰족한 산이라지만 그림엽서 같아 두 번 찾는 이가 드물다. 거기다 20년쯤 전부터 취사와 야영을 못 하게 해 오래 머물 수도 없다. "산은 속을 떠나지 않는데 속이 산을 떠나는구나." 읊었던 최치원의 감상이 지금도 틀림이 없다.

12

첩첩의 산물결 일군
부채꼴의 야누스 속리산

수려한 기암괴봉과 울창한 숲,
　　　법주사가 어우러져 장관을 이루는 속리산

속리산은 야누스다. 로마신화에 나오는 문지기신, 문의 앞뒤를 보는 두 얼굴의 사나이. 그처럼 산도 속(俗)도 아닌 듯한 열두 종갓집 산(十二宗山)의 하나다.

백두대간에서 한남·금북정맥을 갈리는 까닭에 종갓집 산이라는 지위를 얻었다. 거기다 남한반도의 가운뎃산이다. 그 삼각지 천황봉을 기준으로 세우면 한국의 모든 산이 이곳에서 뻗어가고 이곳으로 몰려든다. 적어도 반도 남반부의 대부분을 차지하는 세 큰 강 한강, 낙동강, 금강의 유역은 가른다.

명산치고 참 볼 것이 없다. 백두 이래 세 번째 석화성(石火星)—석봉(石峯)이 불꽃처럼 뾰족뾰족한 산이라지만 그림엽서 같이 두 번 찾는 이가 드물다. 거기다 20년쯤 전부터 취사와 야영을 못 하게 해 오래 머물 수도 없다(1993년 기준이다). "산은 속을 떠나지 않는데 속이 산을 떠나는구나(山不離俗 俗離山)." 읊었던 최치원의 감상이 지금도 틀림이 없다.

쥘부채 형국을 이룬 산의 사북, 법주사도 그것은 마찬가지다. 청동미륵불, 팔상전, 대웅전 삼존불… 온통 큰 것들뿐 발걸음을 붙잡는 명품은 없다. 호화롭게 꾸며논 청동불 지하 법당의 유물관에도 큰 절치고 볼만한 게 정말 드물다. 이래저래 산은 속을 떠나지 않는데 속은 산을 떠난다.

그렇지만 이는 야누스의 일면만 본 까닭이다. 아울러 나무만 보고 숲은 보지 못한 때문이다. 무엇보다 산의 진면목을 감상할 전망대를 찾지 못해서 그러기가 쉽다.

전망대는 수정봉에 있다. 청동미륵을 뒤로 하고 "산불조심", "입산금지"가 걸린 철조망을 통과하라. 고스락에 다다르면 팔각정으로 지어진 산불감시탑이 섰을 것이다. 거기 올라 굽은 솔로 공간분할된 파노라마를 한 번 보

라. 그대는 몬드리안의 추상화 '컴퍼지션'을 만나게 될 것이다.

컴퍼지션 안으로는 속리연봉이 들어와 같은 평면, 하나의 그림을 이루고 있다. 떠가는 구름, 날으는 새도 컴퍼지션을 지나는 순간은 그림 속의 물상이다. 그것은 구상과 추상, 공간과 평면이 융화된 대자연의 작품이다.

수정봉에서 본 모습이 야누스의 앞모습이라면 뒷모습의 전망대는 오송골 견훤성이다. 오후의 산그늘 위로 하늘이 백열처럼 빛날 때 올려다보는 톱날능선, 이를 본 속(俗)이라면 속리산을 그림엽서로 치부하지만은 않을 것이다.

속리산에는 톱날능선만 있는 것이 아니다. 시장바닥 같은 집단시설지구를 떠나 남쪽의 대목리로 가보라. 자칫 요란하고 경박스럽기 쉬운 속리를 다독거려 체신을 갖추게 하는 상봉 천황이 700m의 하늘로 속을 압도할 것이다.

그 준령을 넘어 비로봉, 입석대, 신선대, 문수봉… 벼랑을 에돌고 절벽을 지돌다 보면 문장대. 거기서 보이는 것은 첩첩의 산물결이다. 남쪽의 보은읍과 북쪽의 상주 용유·운흥리, 주벅배 뱃바닥만한 들은 그대로 망망대해. 최치원의 말이 "수려한 봉우리들 가진 산은 속을 가까이하고 싶은데 저 첩첩의 다른 산들 때문에 속이 산을 멀리하는구나."로 가닥잡히기도 한다.

수려한 기암괴봉은 골골의 명당자리에 암자를 갖춰두고 사이사이 아기자기한 중터릿길을 마련했다.

천황봉의 지름길 은폭동을 오르면 상환암 건너편에 학소대가 지척이다. 가파른 비탈길에서 땀 흘릴 때쯤에는 속리산 최고의 암자 상고암에 닿는다.

물맛 좋기로 이름난 샘물을 한 바가지 퍼마시고 비로봉 우러르는 거북바위 곁에 서면 발 아래 골짜기에 연꽃 한 송이가 보인다. 탈골암 뒷봉우리의 술대 둘레를 꽃잎 같은 봉우리들이 빙 둘렀다. 금강계곡과 사냇골에서 안개라도 피어오르는 날이면 그 모양은 더욱 사실적으로 변한다.

산신각 앞을 돌아 관음암으로 가는 길섶 바위더기에 앉으면 그대는 문장대와 비로봉 바위병풍 사이의 한 마리 사슴이 된다. 바위 위에 또 바위, 솔숲 사이에 암자가 앉은 딴 세상을 보게 된다.

임경업 장군이 수도했다는 관음암에 들렀다가 잘루목을 오르내려 중사자암에 다다르면 사냇골을 따라 법주사 가는 일만 남는다. 이제 다리도 얼마간 아플 때쯤인데 그 길은 맞춤으로, 노승처럼 부드럽다.

법주사의 국보 제55호 팔상전과 수정봉을 배경으로 선 청동대불.

아니 싯적이다. 계곡 10m쯤 위로 끊일 듯 이어지는 산허릿길은 솔바람 속에 물소리 낭랑하지만 물은 보이지 않는다. 풀숲 사잇길을 발이 찾아가는 날이 어두워져도 길 잃지 않는 자연스러움이다. 저 험한 바위산이 이처럼 매끄러운 길을 가졌으리라고는 상상도 못 할 지경이다.

멋없는 법주사는 살아 있는 신라이다. 청동 160톤을 들인 33m 높이의 미륵불상이나 앉은 키 5.5m, 허리 둘레 3.9m의 대웅전 삼존불상들은 4만 7천

주릉 위에 바위들이 지압체험 산책로처럼 많이 깔려 있는 속리산.

문장대 동쪽 오송골에 있는 오송폭포.

근(약 2.8톤)이 나갔다는 신라 3보 가운데 하나인 장륙존상의 사촌이고 팔상전은 일본, 중국, 말갈, 예맥 등 아홉 나라를 쳐부수기 위해 만들었다는 225척(약 80m)짜리 9층목탑의 전신이다. 고려 고종 25년(1238년)에 몽고군의 침입으로 사라진 신라의 보물들이 바로 여기서 명맥을 잇고 있는 것이다.

아울러 이들은 일본 속의 신라, 동대사의 대불(大佛)과 목탑의 원본도 가리켜준다. 역사책에는 경덕왕 11년(752년)에 신라 왕자 김태렴이 동대사에 머물며 불사를 크게 일으켰다고 되어 있다.

법주사가 세워진 것은 진흥왕 14년(553년), 신라가 지금의 단양인 적성을 점령한 3년 뒤다. 바로 이 해 신라는 황룡사 9층탑 공사를 시작하면서 아홉 나라 정벌의 의지를 다졌고 관산성, 지금의 옥천에서 백제 성왕을 패사(敗死)시켰다. 이런 군국주의적 분위기에서 역사(役事)를 일으켰던 까닭에 법주사는 군인들의 속성처럼 모든 게 크고 단순하고, 죽어도 좋다는 상무정신의 표상으로 내세불 미륵불을 모실 수밖에 없었던 것이다. 이때 세워진 것들이 팔상전, 원통보전, 청동미륵상 자리에 있었던 용화보전이다.

국내 최대라는 천왕문과 정면 3칸, 측면 3칸의 정사각형 삿갓집 원통보전을 꽉 채우며 앉아 있는 2.8m의 목조 관세음보살상한테까지 질리고 나면 국보 제5호와 보물 제15호의 두 석등이 눈길을 끈다. 그렇지만 그것도 역시, 하나는 유례없이 사자가 등을 받쳤고 다른 하나는 태껸 품새의 금강역사가 새겨져 있다.

그 옛날 이 절에서는 독경소리가 아닌 기합소리가 쩡쩡 울렸을지도 모르겠다. 지덕을 보완한다는 미명으로 세운 비보사찰(裨補寺刹)이란 것들이 그 지역 점령군의 주둔지 역할을 한 예도 많았으니까. 최치원은 이래서 "도는 사람을 멀리하지 않는데 사람은 도를 멀리하는구나(道不遠人 人遠道)" 하고 중얼거렸는가 싶다.

> 도는 사람을 멀리하지 않는데
> 　　　　　사람은 도를 멀리하고…

속리산은 용이기도 하다. 풍수들에 의하면 그 꿈틀대던 용은 눌재에서 수굿해 잠룡(潛龍)이 되었다가 청화산으로 솟아올라 승천하게 된다고 한다. 그래서 청화산 남쪽이면서 속리산의 동쪽에 있는 골벌은 용유동(龍遊洞)이라 불리고 쌍룡계곡 협곡이 입구를 막은 용유동 안통에는 십승지의 하나인 우복동(牛腹洞)이 있다고 전해진다.

승지는 이것만이 아니다. 대목골 아래 삼가동에는 시루 형국의 증항(甑項)이 있고 묘봉 북쪽의 운흥·중벌리 또한 좁은 입구에 너른 들을 갖추었다.

거기에다 법주사가 있는 사냇골은 천년가람의 터전이니 속리산은 사방에 길지(吉地)를 둔 이 땅의 보배가 아닐 수 없다.

산경표가 말하는 속리산의 범위는 동북의 눌재, 서남의 회엄이재(回踰嶺), 서북의 활목고개, 동남의 절골 동쪽 잘록이다. 이 산들이 그리는 형국은 한 마리 봉황새다. '봉황 황 凰'으로도 해석되는 천황봉의 '임금 황 皇'자는 그냥 붙여진 것이 아니다.

道不遠人 人遠道 山不離俗 俗離山. 음미할수록 의미 깊은 속리산평이다. 무엇보다 속리산의 야누스적 양면을 이렇게 잘 표현할 수가 없다.

Tour Point

속리산 여행 포인트

| 찾아가는 길 |

승용차 : 산의 심장부인 보은군 내속리면 사내골로 가장 빨리 들어가는 방법은 경부고속도로 옥천나들목에서 37번 국도를 타고 보은을 지나 유명한 말티고개를 넘어가는 것이다. 국도를 가는 거리가 꽤 되는데 이것은 앞으로 충주~상주간 고속도로가 개통되어 보은에 나들목이 생기면 대폭 단축될 것이다. 37번 국도는 이후 보은군 산외면, 상주시 화북면을 거쳐 괴산으로 올라가는데 화북면까지가 바로 속리산의 서쪽 반 바퀴이다. 드라이브를 하면서 산을 볼 수 있고 사진도 찍을 수 있다. 나머지 반 바퀴는 작은늘티를 넘어 화북면소, 거기서 49번 지방도를 따르다가 25번 국도를 만나 서향, 보은으로 돌아오면 완성된다.

대중교통 : 서울 동서울터미널, 대전, 청주를 거점으로 삼는다. 각각 12회, 22회, 29회 버스가 운행된다.

| 볼거리 |

산의 심장부 법주사에는 팔상전(국보 제55호), 석련지(국보 제64호), 쌍사자석등(국보 제5호)과 사천왕석등(보물 제15호), 마애여래의상(보물 제216호), 괘불탱(보물 제1259호), 신법(新法)천문도병풍(보물 제848호), 철확(보물 제1413호), 소조삼불좌상(보물 제1360호), 목조관음보살좌상(보물 제1361호)이 있다. 주변에서는 보은 삼년산성(사적 제235호)과 상주 화북면 장암리의 견훤산성, 상오리의 7층석탑(보물 제683호)을 보아야 한다.

삼년산성은 신라 자비마립간 13년(470년)에 쌓기 시작하여 3년 만에 완성하고 소지마립간 8년(486년)에 개축한 돌성(石城)이다. 토성밖에 쌓을 줄 몰랐던 신라가 최초로 시도해본 돌성이어서 3년씩 걸렸고 13년 만에 보수를 하고 있다. 아마도 수구문(水口門)을 홍예문(虹霓門)으로 만드는 기술이 부족했기 때문일 것이다.

견훤산성은 『삼국사기』 소지마립간 16년조에 견아성(犬牙城)으로 나오는 곳이다. 후백제의 견훤과는 아무 관련이 없는데 백두대간 너머에 그의 출생지가 있다는 사실 하나로 조선 후기 유랑이야기꾼들이 갖다 붙인 듯하다.

바위들의 틈바구니 솔숲 사이에 세상 모르게 앉은 암자.

상오리 7층석탑 안내문은 보는 사람의 가슴을 뭉클하게 하는 내용을 담고 있다. 이 장엄한 문화유산을 일제시대 때 일본인들이 밀어버려 옥개석 여기저기가 깨졌다는 것이다. 미개한 일본인들의 직접 지배를 받지 않은 후손들이 당시 조상들의 식민지살이가 얼마나 팍팍했을지 짐작하게 만드는 증언이다.

月岳山

덕주사 마애불 옆의 가파른 산비탈을 올라서면 능선은 문득 끊어지고 150m 바위의 성채가 신기루처럼 막아선다. 어느 쪽으로도 올라갈 수 없고 올라간 사람도 없는, 이집트 신전 앞의 대전문(大殿門) 파이론처럼 성엄한. 그러나 그것은 신기루가 아닌 영봉이다. 월악이 보여주는 첫 번째 환상일 따름이다.

13

금수강산이 그려 놓은 환상의 산수화

월악산

설악처럼 현란한 아름다움도,
　　지리처럼 어눌한 장엄함도 없는 듯하게 있고
　　　　있는 듯하게 없는 이 땅의 금수강산 월악산

월악산은 환상이다. 있을 것 다 있는 구상도 아니고 있어야 될 것을 과감히 생략한 추상도 아니고, 있는 것 같기도 하고 없는 것 같기도 한 요술 같은 존재다. 그래서 월악은 언제나 산수화로 그려질 수밖에 없다.

산수화의 오묘함은 여백에 있다. 산허리를 감도는 안개도, 새 새끼 한 마리 날지 않는 눈 덮인 적막강산도 산수화는 언제나 여백으로 표현한다. 중중모리 장단의 절정인 제3박 제2부박에서 북의 온각자리를 깨어져라 치면서 묵음으로써 강세를 역설적으로 표현하는 농부가처럼 여백으로 그 존재를 더욱 강하게 나타낸다.

이런 월악인 만큼 산 모습처럼 다양한 사람의 심상도 모두 제 짝을 만날 수 있다. 월악에는 설악처럼 현란한 아름다움도, 지리처럼 어눌한 장엄함도 없는 듯하게 있고 있는 듯하게 없다.

하여 한국인은 월악에 올라 이 땅이 금수강산임을 화룡점정의 마음으로 깨닫게 된다. 작으나 큰 짜임새와 사람 들이는 푸근함에 내 나라 내 땅 좋음을 느껍게 확인하지 않을 수 없다.

덕주사 마애불 옆의 가파른 산비탈을 올라서면 능선은 문득 끊어지고 150m 바위의 성채가 신기루처럼 막아선다. 어느 쪽으로도 올라갈 수 없고 올라간 사람도 없는, 이집트 신전 앞의 대전문(大殿門) 파이론처럼 성엄한.

그러나 그것은 신기루가 아닌 영봉이다. 월악이 보여주는 첫 번째 환상일 따름이다.

환상에서 깨어나면 길이 열린다. 바위 밑을 에돌아 철계단과 쇠사슬 철주가 잇닿아 노인이라도 올라갈 수 있게 되어 있다. 월악은 이렇게 기상천외

한 두 얼굴로 사람을 홀린다.

영봉에 서면 황산(黃山) 계림(桂林)이 보인다. 중국인들이 천하제일경이라고 자랑하는, 메주덩이 벌여놓은 듯한 봉봉이 몽실몽실 솟아올라 만수봉까지 줄을 섰다. 그렇지만 여기는 한국이고 월악산이다.

뒤쪽은 바다다. 점점이 섬이 떴고 굽이굽이 물이 드나드는 다도해가 파랗게 가라앉았다. 그렇지만 그대는 바다와 인연이 없는 내륙도 충청북도 땅을 밟고 있다.

충주호의 물안개가 송계계곡으로 올라오면 월악의 봉봉들은 때를 만났다는 듯 살아난다. 나락들락 보일락말락 운무와 숨바꼭질하며 맑은 눈을 희롱한다. 길 가던 두 바보가, 하늘에 훤하게 떠 있는 것이 해인지 달인지 다투다가 지나가는 사람에게 물어보자 "난 이 동네 안 살아서 모르겠다."고 하더라는 우화를 그럴 듯하게 만든다. 월악은 그래서 달이 떠도 월악이고 해가 떠도 월악이다.

월악은 춤이다.
　　말없이 말을 하는 춤이야말로 환상을 구체화하는
　　　　더할 나위 없는 수단이다.

홑산인 월악은 백두대간을 연결고리로 하여 동쪽의 하설산, 서쪽의 대미산 줄기와 아우를 때 더욱 환상적이 된다. 이때면 그 모양이 환(幻)자의 '작을 요 幺' 변 형국을 띠기 때문이다.

幺자 형국의 아귀에는 송계계곡의 달내와 용하구곡의 광천이 흐른다. 달내는 10.6m 높이의 돌미륵이 서 있는 미륵리에서 시작된다. 용하구곡의 용하(用夏)는 여름나기라는 뜻이다. 그러나 월악산의 환상적 이미지나 미륵

영봉 정상 부근의 난간과 철계단.

리의 미륵불과 연관시켜 보면 그것은 아무래도 석가모니가 죽은 뒤 56억 7천만 년 만에 나타난다는 메시아 미륵이 열리라던 세상, 용화세계(龍華世界)의 용화가 변한 것이 아닐까 싶다. 그렇다면 월악은 미래의 이상향이 된다.

월악은 춤이다. 말없이 말을 하는 춤이야말로 환상을 구체화하는 더할 나위 없는 수단이기 때문이다.

덕주골, 절골의 휘휘 도는 골짜기가 한삼자락 긴 자진모리 사위를 출 때 오르락내리락 연봉들은 파르르 떨리는 리듬체조 리본이다. 960봉 동릉과 월광폭포 남쪽 능선이 끊어질 듯 겹쳐 솟아 여나무 삼각추가 십리를 물결친다.

춤추는 것은 월악만이 아니다. 사자탑 뒤에서는 연내봉이 덩실거리고

147

송계계곡에서 덕주사로 오르는 길.

오른쪽 신선봉은 어깨 짚고 하늘뜀뛰기 한다. 미륵리의 진산이 되는 월항삼봉 톱날능선이 점잖게 올라서 하늘에 잇닿으면 주흘산 양두봉이 학춤으로 성원한다.

산을 따라 사람도 춤춘다. 문고리 쩍쩍 붙는 겨울이면 만수골, 사시리골, 팔랑소 부근 물줄기들이 하얀 얼음벽을 세워 피켈 들고 아이젠 신은 사람들에게 월악을 춤추게 한다.

이런 월악더러 높이가 1093m면 한국에서 몇 번째로 큰 키냐나 1984년 국립공원이 되면서 포암산, 대미산, 문수봉, 하설산, 황정산, 도락산, 금수산 등 284.5km²를 속령으로 두게 된 소감이 어떠한가를 묻는다면 미륵리 돌거북이 웃을 것이다. 백두대간에서의 분기점인 938봉이나 만수봉이 월악산 것인가 포암산 것인가 따진다면 아예 입을 다물 것이다.

> 만약 맹세로 산이 변했다면
> 월악산은 지금까지 몇 번 무너졌을꼬…

제천시 한수면과 덕산면에 걸쳐 있는데 충주의 산처럼 알려진 데 대해서 견해를 피력하라면 아예 돌아앉을 것이다. 송계계곡의 깊음을 볼 때는 여성인데 영봉의 솟음을 보면 남성 같으니 도대체 어느 쪽이냐고 묻는다면, 영화배우 장미희가 방송사의 요청으로 대선주자로 나선 김동길 교수를 인터뷰할 때 성적 욕구를 어떻게 해소하느냐고 질문한 것과 매한가지가 된다.

그렇지만 덕주사의 마애불이 덕주공주를 빼다박은 것이라는 전설은, 비록 그것이 고려시대 양식이라고 학자들이 고증했지만 월악다운 이야기다. 부처가 새겨진 때가 덕주공주의 생전이든, 죽은 직후든, 백년 뒤든 월악은 그 비련의 공주의 생김새를 석공에게 말해주었을 테니까.

충주 기생 금란이 목사 전목과 헤어질 때 일편단심을 월악산에 두고 맹세했으나 사흘을 못 가서 그걸 헌 신짝 버리듯 했다는 것도 그렇다. 이를 나무라는 전가의 편지에 대해 "만약 맹세로 산이 변했다면 월악산은 지금까지 몇 번 무너졌을꼬?" 하고 답했던 것은 차라리 한 편의 절묘한 풍자극이다.

중국과 국교가 트이기를 전후하여 황산과 계림을 다녀온 사람들은 그들의 산수화가 환상이 아니라 현실이더라고 했다. 그러나 그런 눈은 월악산까지는 보지 못한 모양이었다.

1982년 화단(畵壇)에서 산수화 등 동양화를 한국화로 이름 바꾼 것은 중국산수화의 아류인 듯한 인상을 씻어내기 위함이었다. 우리의 눈으로 우리의 자연을 그렸음을 나타내기 위함이었다. 월악은 그 우리의 자연이고 우리의 재발견이다.

중부지방 최고의 빙벽등반지 뫼악폭포. 경사가 90도를 넘는다.

TOUR POINT

월악산 여행 포인트

| 찾아가는 길 |

승용차 : 중앙고속도로 단양나들목이나 중부내륙고속도로 수안보나들목부터 생각하면 쉽다. 단양에서는 36번 국도로 계속 오다 송계1교만 건너면 주 계곡 송계계곡이고, 수안보에서는 597번 지방도만 벗어나지 않으면 된다.

대중교통 : 산의 핵심인 송계계곡과 영봉이 모두 제천에 속해 있지만 충주 쪽이 편리하다. 서울 강남고속버스터미널에서는 30분, 동서울터미널에서는 20분 간격으로 버스가 있다. 인천, 수원, 성남, 부천, 안산, 강원도의 춘천·영월·원주·속초, 영남의 부산·대구·구미·안동·포항, 대전, 천안에서도 직행버스가 다닌다. 충주에서 송계로 가려면 살미 방면 시내버스를 이용하면 되며 하루 15차례 운행되고 있다.

| 볼거리 |

송계팔경은 ① 월악영봉, ② 자연대, ③ 월광폭포, ④ 수경대, ⑤ 학소대, ⑥ 망폭대, ⑦ 와룡대, ⑧ 팔랑소다. 이 외에 사자탑이라고 줄여서 부르는 사자빈신사지석탑(보물 제94호), 미륵리 석불입상(보물 제96호)과 5층석탑(보물 제95호)이 볼 만하다. 주릉 바로 아래의 덕주사에는 마애불(보물 제406호)이 있다.

시간 여유가 있으면 청풍문화재단지를 한 번 둘러보는 것도 좋다. 충주댐이 완성될 무렵인 1983년부터 3년간 향교 언덕에 옛 청풍도호부의 주요 건물들과 민가 네 채를 옮겨놓았다. 부성 서문인 팔영루(八詠樓), 관아 문루 금남루(錦南樓), 동헌 관수헌(觀水軒)의 편액이 걸려 있는 아담한 2층 온돌방 객사 응청각(凝淸閣), 주 객사인 금병헌(錦屛軒), 보물 제528호로 지정되어 있는 객사 누정 한벽루(寒碧樓), 보물 제546호의 석조여래입상을 모신 불상각, 후산리·도화리·지곡리·황석리 수몰지구에서 옮겨온 고가들이 있다.

馬山·神仙峯

산과 바다, 호수, 스키장이 조화를 이루는 마산·신선봉은 세계적인 명승이다. 둘이나 셋을 갖춘 데는 많아도 넷을 구비한 곳은 드물기 때문이다. 바다의 가는 헤아릴 수 없는 명사십리의 연속이다. 뒤돌아보면 하얀 산이 환영처럼 솟았다.

14

산·바다·호수·스키장
어우러진 겨울교향곡

마산·신선봉

그녀는 한 살 더 먹는 때를 맞아 겨울바다를 보고 싶다고 한다. 나는 눈 덮인 산을 오른 뒤 스키로 몸을 풀어야겠는데. 그렇다고 〈결혼이야기〉라는 영화에서처럼 "너는 명보극장으로 나는 피카디리로" 할 수는 없고….

　해결 방법은 자락에 스키장을 품은 눈 덮인 산이 바다에 발을 담그고 있는 곳으로 가는 것이다. 그 바닷가에 호수가 있으면 더욱 좋을 것이다.

　이런 데가 있다면 첫날밤은 파도소리 들리는 호숫가 마을에서 묵으리라. 그 다음 떠오르는 해를 보며 새해 다짐을 한 뒤 짧은 이별을 하리라.

　그녀가 끝없는 상념에 젖으며 명사십리를 걸을 때 나는 허벅지까지 빠지는 눈을 헤치며 설산을 오르고 있다. 그녀가 솔잎을 태우면서 물새의 노래를 들을 때 얼어붙은 빵을 씹는 나의 눈은 바다에 머물러 있다.

　하루나 이틀 뒤 갈대 우거진 호숫가에서 둘은 다시 만난다. 이별 뒤의 그 만남은 으름처럼 쓰르달콤할 것이다.

　이런 꿈 같은 계획을 세울 수 있는 유일무이의 산. 산과 바다, 스키장과 호수가 어우러진 심포니가 마산·신선봉이다.

　심포니의 핵심은 하모니, 즉 톤과 리듬의 조화에 있다. 톤은 악기 고유의 떨림이나 공명통의 크기, 재질이 낳는 독특한 음색, 독자성이다. 바이올린과 콘트라베이스, 징과 꽹과리의 다름이다. 리듬은 이 음색이 다른 악기들이 그룹으로 연주될 때의 박자와 톤의 강약, 즉 약속성이다. 이런 까닭에 톤이 약하면 심포니는 독주의 확성기가 되고 리듬이 흐트러지면 중구난방의 잡동사니가 된다.

　마산·신선봉의 톤은 마산(1052m)과 신선봉(1239m)이라는 산에서부터

마산에서 새이령(대간령)으로 내려서다 중간의 전망바위에서 쉬는 등산인들.

두드러진다. 높이는 말할 것도 없고 산세나 형국까지 그렇다.

 마산(馬山)은 낮은 높이를 세력으로 보완한다. 동북릉 20리가 그대로 평평한 말잔등인 것이다. 이어 그 끝 고깔봉(竹弁峰 : 681m)에서 산세를 이내 수그리면서 송지호와 다섯 봉우리에 둘러싸인 오봉리(五峰里), 일본 후지산의 축소판인 평지돌출 운봉산(287m)을 벌여놓고 있다.

 말머리에 해당하는 병풍바위는 남쪽의 물구비계곡에 입을 박은 모습이다. 그래선지 몰라도 계곡 그 어름의 이름은 마장터고 고깔봉 서쪽 골짜기 동네는 마좌리라 한다.

 마산 서쪽 기슭에는 600m를 넘나드는 세 개의 고원더기가 펼쳐진다. 북쪽부터 차례로 안흘리, 중흘리, 밖흘리라 부르는 여기는 간성이나 용대리에서 '옛날 진부령' — 대동여지도를 보면 진부령은 인제 서화에서 백두대간의 1166봉을 넘어 간성 진부리로 가는 고개를 가리켰다 ―을 넘나들 때는 있으리라 짐작도 할 수 없는 승지다.

스키장을 가려면 '지금 진부령' 직전에 동쪽으로 야트막한 산등성이를 넘는다. 그 영마루에 섰을 때 혹자는 놀라운 사실을 발견했을 것이다. 앞은 설국(雪國), 뒤는 황토먼지 날리는 메마른 땅! 어떻게 이런 일이 있을 수 있단 말인가.

향로봉에서 칠절봉에 이르는 백두대간 영마루를 넘어온 건조한 북서풍은 마산을 덮치기 전에 복병을 만난다. 간성 북천의 긴 골짜기를 따라 올라온, 물기 품은 바닷바람이다. 둘이 엎치락뒤치락하며 마산 자락을 타고오르다 보면 물기는 눈이 되어 흘리를 덮는다.

이 흘리는 '지금 진부령'보다 100m 가까이 높다. 그래서 쌓인 눈이 좀처럼 녹지 않는다. 거기다 용대리쪽 북천 ― 앞의 북천과 이름은 같지만 실제로는 다른 내로 소양강의 지류다 ― 골짜기에는 물기 품은 바람이 없으니 혹자를 놀라게 한 '이런 일'은 일어나고 마산은 알프스가 된다.

알프스리조트라는 이름의 스키장은 밖흘리에 있다. 거기서 능숙한 스키어들이 스타카토

살얼음이 얼기 시작하는 초겨울의 물구비계곡.

처럼 짧은 턴을 하며 슬로프를 내려오는 선율은 경쾌한 폴카곡이다. 턴이 크면 그것은 스케이팅왈츠가 된다. 리프트를 타고 올라가는 모습은 장엄한 알프호른의 울음이다. 예전에는 마산 정상에서 방화선(防火線)을 따르는 2km의 슬로프를 따라 전국체전이 열리기도 했다.

신선봉의 톤은 솟음이다. 그것은 높음만이 아니다. 평평한 정상에는 고구려 적석총 같은 바위 무더기들이 여기저기 벌여 있고 동북릉에는 첨봉(尖峰) 아닌 침봉(針峰)이 연이어 있다.

솟음은 국립지리원 지도에 아무 표시도 없는 최고봉, 신선봉 상봉(上峰)에서 더욱 뚜렷하다. 화암재에서부터의 길지 않은 능선은 설악산 용아장성을 떠올리고 창바위로 뻗은 서릉은 공룡릉을 연상시킨다.

선인대로 뻗은 상봉 동남릉 그 끄트머리는 천연의 성가퀴 모양이다. 그 흐름은 그대로 신선암으로 뻗어가면서 또 하나의 바늘능선을 이룬다.

이때 미시령(彌矢嶺)에서는 화살바람이 분다. 개미등 같은 목을 지날 때는 쓰러지지 않곤 못 배긴다. 바람이 잔다 싶을 때는 배낭을 돛단배처럼 45도로 틀어 전진하는데 심술궂은 바람이 갑자기 숨을 멈추면 이번에는 반대로 바람 불어오는 쪽으로 넘어진다.

그 끝에는 백두대간을 동강내 세운 미시령휴게소가 있다. 물과 먹을 것, 그리고 속초까지 얻어타고 갈 차가 있는 건 좋지만 옛날의 미시령 기억을 가진 이들에게는 용납할 수 없는, 천박한 장사치꼴이다.

물구비계곡은 마산과 신선봉 사이의 물골이다. 그 풍광은, 특히 눈 오는 날이나 다음날 아침이면 선적 분위기 그윽한 교향시를 이룬다.

홀리에서 물구비계곡 본류에 이르는 1악장은 비교적 빠른 템포다. 난마처럼 얼크러진 길섶 덩굴의 하얀 줄기들은 어지러움을 추상적 오묘함으로 바꾸어 있고 간간이 억새밭은 심산유곡의 호젓함으로 사람을 놀라게 한다.

양안이 가팔라지며 계곡이 굽어틀기 시작하면 발 딛기 무서운, 눈 덮인 담이 굽이굽이 나타난다. 도대체 길이 있을 것 같지 않은 협곡이다. 그러나 산마을 사람들은 북쪽 비탈에 절묘한 오솔길을 만들어 놓았다.

1악장의 마침은 Y자 계곡 불두덩에 마련된 숲속의 빈터. 세상 모를 아득한 땅이다. 때 없이 찾아와 시간을 잊고 머물 샹그리라다.

물구비계곡 본류를 거슬러 올라가는 2악장은 선율적인 느린 곡에 걸맞게 폭넓고 완만하다. 아이젠 산보에 꼭 맞춤으로 빙판이 끊이지 않은데 양안은 절벽으로 되었다.

티 하나 없는 수평의 설면은 하얀 아크릴 물감이다. 그것이 자갈밭을 덮은 곳을 지나자면 새알죽이 먹고 싶어진다. 숲 사이로 햇빛이 스며들어 설면에 수없는 금을 그은 추상화도, 선 굵은 그림자의 수묵화도 2악장의 전유물이다.

마무리는 이깔나무 밭이다. 계곡이 트이며 넓어지는 곳 하상(河床) 평지에 줄을 맞춰 섰다. 원근법이 보이는 숲 속의 눈밭에 난 발자국 위로는 슈베르트의 '겨울나그네'가 흐른다. 음악이 끝나면 오른쪽 골짜기 입구에 외딴집이 쓸쓸하다.

3악장은 외딴집 다음 골짜기에서 시작한다. 신선봉 화암재로 향하는 이 계곡 입구는 물구비 본류보다 좁고 양쪽이 가파른 어두컴컴한 눈터널이다. 그 눈의 나라로 하얀 집 같은 빙판을 밟고 들어서면 미뉴에트의 우아한 무도곡이 시작된다.

템포가 조금씩 빨라지면서 언덕폭포와 바위들을 보여주던 3악장은 해발 100m쯤에서 방향을 동북으로 틀며 숨을 끊는다. 이제 더이상 계곡은 쉬운 길이 못 돼 사면을 무질러 올라가야 하는 것이다.

론도처럼 빠른 춤곡 4악장은 '악명 높은 신선봉 부시(bush)'와의 치열한 싸움이다. 해발 900m 이상이 특히 그러한데 덤불이 무릎 이상 차는, 길 없는 길 1km를 오르는데 세 시간이 걸릴 수도 있다. 그 끝 화암재에 서면 영랑·청초 두 호수 사이의 속초가 신기루처럼 떠오른다.

바다의 톤은 드넓음이다. 하이든의 오라토리오 천지창조다. 그것은 고려 때 시인 정추의 "하늘 덮은 구름 한 번 걷어내니 눈 닿는 끝 없이 큰바다 펼쳐졌어라(一抹橫天黑 滄溟眼底窮)"와 통하는 호연지기의 표상이기도 하다.

'그녀'는 이 넓음 때문에 바다를 좋아한다. 바다에 자기의 모든 번민을 카타르시스하고 짝 잃은 외기러기나 일엽편주의 외로움으로 돌아올 수 있어서다. 그래서 '그녀'가 그리워하는 바다는 북적대는 여름바다가 아니라 겨울바다이기 쉽다.

마장터로 가는 길의 쭉쭉 뻗은 이깔나무 밭.

겨울바다는 마산·신선봉의 산뿌리 어디에나 있다. 그 중 가장 유명한 곳이 관동팔경의 하나인 청간정 앞바다다. 신선봉 동릉이 뻗어내려와 바닷가에 이룬 언덕 위의 천간정(淸澗亭)은 '맑은 산골물'이라는 그 뜻만큼 전망이 상쾌하다. 이런 곳에 올라 고려 때 시인 김극기처럼 "일배를 마시고 낮졸음을 쫓으니 만리청천이 손톱만하게 보이는구나." 하고 호기를 부려보는 것도 산행 못지않은 의미가 있다.

마산·신선봉 기슭의 또 다른 볼거리는 호수다. 맨 남쪽의 청초호부터 영

바위더미가 적석총 같아 전망이 좋은 신선봉 일출.

랑호, 광포, 천진호, 송지호, 선유담, 그리고 가장 북쪽의 화진포에 이르기까지 바다가 만들어 놓은 석호(潟湖)들을 빼놓을 수 없다.

호숫가에는 갈대가 우거졌고 송림이 울창하다. 얼지 않은 가운데와 얼어붙은 가장자리의 검고 흰 대비는 적막한 사위와 어울려 꿈 속처럼 걷게 만든다. 그때 바다에서는 파도소리가 들려온다.

가장 크고 훌륭한 것은 김일성 별장이 남아 있는 화진포다. 그것은 길이, 여느 호수와 달리 바다와 호수를 가른 모래언덕으로 나지 않고 산 쪽으로 돌아 원래의 모습을 거의 잃지 않았다.

겨울의 화진포는 백조의 호수다. 시베리아의 백조들이 낙동강 하류로 날아가다 들르는 길목이다. 그 백조들이 수백 마리의 오리들과 떼 지어 날아오르면 문득 저 멀리 하얀 산이 보인다.

산과 바다, 호수와 스키장이 심포니를 이루는 마산·신선봉은 세계적 명승이다. 둘이나 셋을 갖춘 데는 많아도 넷을 구비한 곳은 드물기 때문이다.

바다가 보이는 스키장이 있는 곳은 일본의 삿포로와 마산뿐이다. 국제보호조류인 백조의 호수 화진포는 세계적으로 드문 백조도래지다. 바다의 가는 헤아릴 수 없는 명사십리의 연속이다. 뒤돌아보면 하얀 산이 환영처럼 솟았다. 그대가 갈 곳은 세계에 둘이 없는 보배로운 땅인 것이다.

1400여 년 전의 화랑부터 조선의 군왕에 이르는 시인묵객들은 그 의미를 알았다. 심포니나 차이코프스키, 설산 등반이나 스키의 매력은 몰랐어도 "세상에 이곳보다 더 나은 데는 없다."는 절대미를 직관으로 깨달았다. 그런데 비행기 타고 해외여행 다니는 우리는….

Tour Point

마산·신선봉 여행 포인트

| 찾아가는 길 |

승용차 : 내설악으로 가는 길과 같으므로 양평 청운면부터 44번 국도만 따라가면 된다. 남쪽에서 고속도로를 타고 올라오는 경우에는 일단 중앙고속도로로 빠졌다가 홍천에서 44번 국도로 접어든다.

대중교통 : 서울 상봉시외버스터미널에서 진부령을 넘어가는 직행버스(07 : 10, 11 : 30, 15 : 30)를 탄다.

| 볼거리 |

진부령과 미시령길이 갈리는 삼거리에 우뚝 솟은 매바위로 물을 끌어올려 만든 인공폭포가 장관이다. 겨울에 그 폭포가 얼면 빙벽등반의 적지가 되어 일대는 진부령 알프스리조트 스키와 함께 겨울스포츠의 메카를 이룬다. 동쪽으로는 관동팔경의 하나인 청간정이 유명하지만 원래 자리도 아니고 규모도 작아 볼품이 없다. 한 가지 눈에 띄는 점은 최규하 전 대통령의 시 편액으로 여러 가지 생각이 나게 한다.

정말 가봐야 할 데는 오봉리 왕곡마을이다. 다섯 봉우리의 오음산(五音山)이 서북서쪽을 에워싼 가운데 북방식 전통와옥(瓦屋)인 양통집 스물 한 채와 초가집 한 채, 일반가옥 스물 아홉 채가 옹기종기 모여 있다.

咸白山

　함백산은 영산(靈山)이다. 불끈 솟아 하늘금 이쁜 명산도, 그 끝에 한울님 산다는 신산(神山)도, 왕가(王家)가 비롯했다 하여 근접을 못 하게 하는 성산(聖山)도 아닌, 그저 영 깃들어 마음 푸근한 어머니 같은 산이다. 하여 중도, 선비도, 무당도, 비결파도, 화전민도 모두 그 자락에 품었다.

15

골골 등등 산산이
품도 너른 어머니여

함백산

많은 영들이 깃들어 마음 푸근한
　　어머니 같은 산 함백산

함백산은 영산(靈山)이다. 불끈 솟아 하늘금 이쁜 명산도, 그 끝에 한울님 산다는 신산(神山)도, 왕가(王家)가 비롯했다 하여 근접을 못 하게 하는 성산(聖山)도 아닌, 그저 영 깃들어 마음 푸근한 어머니 같은 산이다. 하여 중도, 선비도, 무당도, 비결파도, 화전민도 모두 그 자락에 품었다.

그것은 정암사 하나만 봐도 알 수 있다. 재상으로 부름을 받기까지 했던 1급 귀족(진골) 출신의 자장이 태백산에 못 세운 절이 이 산 기슭에 세워졌으니 말이다. 제일봉이 장군봉인 남성의 산 태백이 내친 부처의 집을, 함백은 그 너른 모성으로 받아들였던 것이다.

내놓고 앞자락에는 못 앉혔다. 아비한테 매 맞은 자식을 등 뒤로 숨겨주듯 서북쪽 골짜기 후미진 곳에 두었다. 앞뒤 꽉 막힌, 그러나 '금거북이 물을 마시는 자리(金龜入水形局)'라 한다.

시주 들어올 대처(大處)는커녕 변변한 들판 하나 보이지 않는 막막한 오지의 끝이다. 후손들은 도대체 뭘 먹고살라고 이런 데 터를 잡아줬나 싶다. 아무리 태백산신의 서슬이 시퍼렇다기로소니.

한 세대가 지나자 아비의 노염은 누그러졌다. 산 너머 양지쪽에 부처 들이기를 허락했다. 원효가 은적암이라는 암자에 든 것이다. 학자들 말로 한다면, 원시신앙의 아성인 태백 함지에 발 붙일 엄두를 못 내던 불교가 공권력을 등에 업고 마침내 성역에 입성했다 하리라. 자장은 진평왕 12년(590년)에 났고 원효는 39년에 났다.

은적암은 절골 상부 심적골에 있다. 상심적암이라고도 하는데 500m쯤 아래에 중심적암인 묘적암, 다시 1000m쯤 아래에 하심적암을 두고 있다.

빨치산도 못 찾을 만큼 꼭꼭 숨어 있다. 매일 산으로 출근하는 태백의 사진가 이석필 씨와 갔는데도 두 번 만에 겨우 닿았을 정도다.

반경 200m 안까지 다가가도 암자는 자취가 없다. 그러나 가서 보면 둘러싼 땅 생김에 입이 다물어지지 않는다.

서북쪽을 향해 내리는 밋밋한 산날가지는 암자 어름에서 바위를 드러내면서 담을 두른 듯 돈다. 그렇게 반달꼴을 이루던 것이 끝 부분에서 하늘을 서릿발처럼 비껴찌르고 있다. 주릉 쪽의 높이를 예기(銳氣)로 눌러 균형맞춘 것이다. 그 한가운데의 정남향집, 그건 문외한의 눈으로 봐도 금계포란형(金鷄抱卵形)이니 연화부수형(蓮花浮水形)이니 하는 '자연 속에서 숨은 그림 찾기'의 하나는 될 듯하다.

은적암에는 효림스님의 『자네 도가 뭔지 아나』에 나오는 "자다 보아도 스님인 사람" 학성이 산다. 근래에는 부산에서 선생님을 하다 꿈에 밟히는 이 땅을 찾아왔다는 여인도 있다.

그들이 먹고사는 것은 도토리다. 농담이 아닌 것이 도토리 한 가마 값으로 쌀 한 가마를 살 수 있는데 올해(1995년) 열다섯 가마를 주웠다니 먹고사는 데는 걱정이 없는 것이다. 조선시대 선비 홍우원이 지은 『태백산을 보며(望太白山)』의, "소란스럽고 어지러운 세상에 한가롭게 새, 짐승 다니누나. 무릉도원 깊은 곳에 자리 잡고 나의 속세 마음 씻고자 하네."에 딱 맞아떨어지는 곳이다.

이런 은적암이지만 굳이 찾지는 말 일이다. 고요함 따라 숨은 이가 꺼려한다. 그러나 인연 있는 자는 닿으리라.

함백은 이런 산이다. 그래서 정변이 일어나면 선비들은 이 산으로 숨었고 난리가 나면 백성들은 그 골로 들었다.

선비들이 숨은 자리는 두문동재 서쪽의 두문동, 두문불출이라는 말을 낳은 골이다. 정암사가 있는 갈래(葛來)에서 50리쯤 아래, 정선선 선평역 근방에는 또 '일곱 현인이 살았던 곳' 거칠현(居七賢)이 있어 전설을 뒷받침하고 있다.

　역사책에는 두문동이 "개풍군 광덕면의 광덕산(146m) 서쪽 골짜기. 조선왕조가 서자 이를 반대하는 고려 유신(遺臣) 72명이 은거했다. 그들이 조정의 부름을 계속 거부하니 새 왕조는 두문동을 포위하고 산에 불을 질러 모두 태워죽인 곳"이라고 되어 있다.

　이로 보면 함백산 두문동은 광덕산 두문동의 아류로서 후자가 조정 중신들의 은거처인데 대해 지방 유신들의 농성 장소였던 듯하다. 이 두문동의 일곱 현인은 삼척 노곡리 궁터골에 귀양와 있던 고려의 마지막 왕 공양왕이 죽었을 때, 백두대간과 낙동정맥을 넘어 울며울며 문상을 갔다고 한다.

눈꽃이 핀 태백산을 찾은 사람들. 등산들은 여기서 어평재(화방재)를 지나 함백산까지 종주하기도 한다.

『정감록』에는 "태백산 밑에 크고 작은 궁기(弓基)가 있다."고 되어 있다. 이를 풀어쓴 『토정가장결(土亭家藏訣)』에서는 "오십천과 우이고개를 지나 태백산쪽으로 백리쯤 가면 숲이 무성하고 인가는 없는데 그곳이 바로 궁기다. 태백산의 원맥(遠脈)이 천봉만학을 이루며 좌우를 감싸고, 명천영지(名川靈池)가 앞뒤로 둘렀고, 화기(和氣)가 충만하니 참으로 뛰어난 땅이다. 그리고 그 모양이 활시위를 당긴 듯 기이하다."고 했다. 여기서 우이고개는 도계에서 황지 요물골로 오르는 우보재(우보산 기슭에 있다) 즉 느릅재를, 활시위를 당긴 땅은 태백 함지를 뜻한다.

활의 가운데인 줌통은 만항재부터 태백산 부쇠봉까지다. 위아래 큰오금은 금대봉(1418.1m)과 싸리재(동점 거무내에서 석포 드르내 가는 고개), 자고는 백두대간에서 낙동정맥이 갈리는 매봉(1303.1m) 동쪽 어깨와 뚜루내다. 이때 시위는 태백 함지의 꽃술대인 연화산(蓮花山) 줄기, 화살은 정확하게 비녀봉(투구봉)에 걸렸고 줌통의 가운데 부분에 해당하는 새길재(四吉峙)에

대한체육회 훈련장 쪽에서 함백산 정상으로 향하는 등산인들

는 화살촉이 튀어나온 듯 서쪽으로 삐죽 내민 부분이 있다.

　어긋남 없는, 팽팽하게 살을 먹인 활이다. 어찌 '하늘이 정한 활의 땅(天定弓基)'—활 모양의 땅이고 살(活) 땅이며 정도령 나투는 날 활 들고 나갈 혁명의 터전이 아니랄 수 있겠는가. 볼수록 절묘한 땅 생김이고 새길수록, 뛰어난 옛 사람들의 혜안에 고개가 숙여질 따름이다.

　이런 땅을 구한말 비결파들이 그대로 놔두었을 리 없다. 해방 전만 해도 거무내(黔川)와 안반등에 스무나무 가구씩, 안충골에 서른 몇 가구, 뚜루내 옆 고수골에 여남은 가구, 고목리에 다섯 가구 등 모두 합해 3천 명쯤의 비결파가 살았다고 한다. 평안남도 대동군에서 온 비결파의 5대손, 태백문화원 사무국장 김강산 씨의 말이다.

　예를 든 다섯 중 둘이 있는 서학골을 가보면 거기가 왜 '살 터'였는지 이내 이해가 된다.

　입구부터 범상치가 않다. 어귀의 길목은 검은 바위가 지키고 섰고 조금 들어가면 골이 휘어지며 오른쪽(북쪽) 능선 옆구리가 절벽을 드러낸다. 학봉(鶴峰 : 803.6m)이다. 옛날에 이 봉우리와 그 밑의 몇 아름씩 되는 느티나무, 버드나무에 수백 마리의 왜가리가 살아 서학(棲鶴)골의 이름을 얻었다고 한다.

　이후 고목리까지 오리 남짓한 골짜기는 산골 평지다. 남쪽 산날은 죽었고 북쪽 산날은 서 햇볕도 잘 든다. 그리고 태백시에서 소나무가 가장 많다. 도대체가 탄가루 풀풀 날리던 음산한 광산도시 태백 — 지금은 이런 이미지를 많이 벗었다 — 과는 생판 다른, 삼남지방의 어느 아늑한 동네에 온 느낌이다.

　고목리를 지나면서는 완만한 구릉이 시작된다. 안반등(安盤嶝), 떡 치는 안반처럼 평평하고 도드라져 붙은 이름이다. 농사가 잘 되어 옛날에는 사람이 많이 살았다는 데다. 그 안반등에서 남쪽 지지리골로 가는 고개는 활목이(弓項), 완만한 산비탈이 주변에 많아 '사람 살릴 땅(活人地)'으로 호가 났던 곳이다.

태백 함지의 최고 마을터에 비결파들이 살았으니 곳곳의 '숨은 그림'에 해석이 붙어 있다.

태백 함지의 최고 마을터에 비결파들이 살았으니 곳곳의 '숨은 그림'에 해석이 붙어 있다.

길목 검은바위는 까막바우(烏頭峰)라 불리면서 골 서편의 산등 사장편디기에 '금까마귀가 시체를 쪼아먹는 명당자리' 금오탁시형(金烏啄屍形)을 만들었다고 한다. 고목리 북쪽 봉우리에는 사두봉(蛇頭峰)이라는 이름이 지어지면서 그 아래 개구리바위 옆에, 뱀이 개구리를 잡아먹으려고 머리를 쳐든 형국의 장사축와형국(長蛇逐蛙形局) 명당이 있다 한다. 아울러 서학골 동쪽 연화산 기슭의 장군대좌형국(將軍大座形局)에 묘를 쓴 집안에서 구한말 태백 일대를 주름잡았던, 성대장이라는 의병장이 나왔다고 전한다.

비결파가 가장 많이 살았던 안충골은 정말 숨은살이에 안성맞춤의 땅이다. 절골의 두 가지 가운데 북쪽 골짜기로 황지천과 합수하는 데까지 이십 리가 넘는데 입구가 3km만 널찍하다가 이내 좁아져 안에 별 게 없을 것처럼 보여서다. 그러나 다른 가지 심적골과의 합수머리에서 조금만 들어가면 안충골은 곧 평평하고 완만해져 세상 모를 딴 세상, 그야말로 물, 불, 바람 — 전쟁과 수탈과 흉년을 면제받을 수 있는 이상향을 펼치고 있다.

함백은 태백보다 7m 더 높은 1573m의 산이지만 살기가 없다. 육산(肉

山)인 까닭이다. 우리 산을 육산, 골산(骨山)으로 기계적으로 분류하는 사람이나 그런 말은 처음 들어봤다는 이는 안목을 넓히기 위해서도 한 번쯤 찾아봐야 할 것이다.

살진 함백의 몸을 보려면 안산(案山 : 929m)으로 가야 한다. 거기서 함백은 두 젖무덤을 드러낸 채 누워 있는 고혹적인 여인을 보여준다.

젖꼭지 하나에는 방송안테나가 꽂혀 있다. 그걸 물면 여인은 금방 자지러지며 요동칠 듯하다. "뜻하지 아니한 곳에 와서 젖꼭지를 물었나이다. 어머니, 한어머니심을 알고 갑니다."는 육당 최남선이 무등산을 보고 읊은 것이 아니라 함백을 보고 깨달은 게 아닐까 싶다.

살아 천년 죽어 천년이라고 하는 주목 줄기 안쪽이 빨갛다.　　태백산 천제단. 정암사는 이것 때문에 함백산 기슭에 세워졌다.

해 저무는 겨울날의 낙엽송 숲에서는 또 잎이 떨어져 돼지 몸뚱이 같은 산의 디룩디룩 찐 살이 보일 것이다. 바위 부스럼 하나 없는 깨끗한 등성이에는 검은 나목들이 털처럼 나 있다. 풍수들은 바로 이런 산을 좋은 산으로 치고 그래서 함백은 영이 넘친다.

자연히 무당들이 꼬인다. 영을 빌어 영험을 발휘하기 위해서다. 원래 무(巫)는 왕(王)과 같은 위상, 하늘과 땅과 사람을 이어주는 존재였다.

그 땅은 어머니의 품안 같은 곳이 최고다. 이로 보면 함백은 무당들의 접신(接神) 장소로서는 이 땅에서 덮을 데가 없는 자리 같다.

영이 넘치는 곳에서는 영물이 난다. 이를 증명하듯 1953년에 상동에서 온 무당이 서학골 끝의 심마니 광터에서 길이 여섯 자, 그러니까 180cm쯤 되고 몸통만 7, 8치쯤 되는 동삼(童參)을 캤다. 이 땅에서는 이후 그만한 것이 나온 적이 없었다.

나무도 보통 산에서는 볼 수 없는 것들이 즐비하다. 단군할아버지가 '신들의 저자' 벌였던 터에 있었다는 신단수(神檀樹) 주목(朱木)과 아낙네 속살 같은 자작나무가 별처럼 많다.

함백에는 영이 많다. 무당의 영도, 풍수의 영도, 부처의 영도 구석구석 안 서린 데가 없다. 그래 이 산을 찾을 때는 흐트러지지 말 일이다. 종교적 심성이 조금이라도 있는 이라면 영감을 받아 팔자가 바뀔지도 모른다.

TOUR POINT

함백산 여행 포인트

| 찾아가는 길 |

승용차 : 중앙고속도로 서제천나들목으로 나가 38번 국도를 타는 것 외에는 방법이 없다. 남한 최고의 오지 태백에 산이 있기 때문이다.

대중교통 : 버스보다 기차를 이용하는 것이 낫다. 기차는 청량리역에서 08 : 00, 10 : 00, 12 : 00, 14 : 00, 17 : 00, 22 : 00에 출발한다. 동대구역에서는 05 : 45, 15 : 30에 있고 부산역에는 09 : 10에 한 번 있다. 버스는 서울 동서울터미널에서 23회, 북대구에서 12회, 원주에서 33회, 강릉에서 28회 있다.

| 볼거리 |

신라 선덕여왕 때 자장율사가 당나라에서 진신사리를 가져다 세운 5대 적멸보궁은 영취산 통도사, 함백산 정암사, 사자산 법흥사, 오대산 상원사, 설악산 봉정암이다. 각각 독수리, 거북이, 사자, 코끼리, 봉황을 닮은 성스러운 산에 안쳤는데 정암사의 사리탑(보물 제410호)은 회녹색 석회암을 벽돌 크기로 잘라 쌓아 특별히 수마노탑(水瑪瑙塔)이라고 불린다. 석영과 단백석, 옥수(玉髓)가 어우러져 되는 마노는 일반적으로 검은색이나 붉은 것은 자마노, 흰색에 가까우면 수마노라고 하는데 이 탑은 탑재가 그렇지도 않으면서 수마노탑이라고 했다. 전설에 의하면 자장이 귀국할 때 그의 법력에 감동한 서해 용왕이 수마노석을 주어 그것으로 탑을 쌓았다고 한다.
고생대 조선계와 평안계 지질로 이루어진 태백 함지는 특이지형의 박물관이다. 예전에는 상수원이었을 만큼 물이 많이 났던 혈리동굴, 낙동강 1300리의 발원지 황지못, 한강의 발원지인 검용소, 유수(流水)가 암벽을 뚫고 나간 뚜루내, 그리고 석탄박물관이 보고 와야 할 것이다. 겨울에는 눈꽃축제와 개썰매경주가 열린다.

가림출판사 · 가림M&B · 가림Let's에서 나온 책들

문 학

바늘구멍 켄 폴리트 지음 / 홍영의 옮김 / 신국판 / 342쪽 / 5,300원

레베카의 열쇠 켄 폴리트 지음 / 손연숙 옮김 / 신국판 / 492쪽 / 6,800원

암병선 니시무라 쥬코 지음 / 홍영의 옮김 / 신국판 / 300쪽 / 4,800원

첫키스한 얘기 말해도 될까
김정미 외 7명 지음 / 신국판 / 228쪽 / 4,000원

사미인곡 上·中·下 김충호 지음 / 신국판 / 각 권 5,000원

이내의 끝자리 박수완 스님 지음 / 국판변형 / 132쪽 / 3,000원

너는 왜 나에게 다가서야 했는지
김충호 지음 / 국판변형 / 124쪽 / 3,000원

세계의 명언 편집부 엮음 / 신국판 / 322쪽 / 5,000원

여자가 알아야 할 101가지 지혜
제인 아서 엮음 / 지창уа 옮김 / 4×6판 / 132쪽 / 5,000원

현명한 사람이 읽는 지혜로운 이야기
이정민 엮음 / 신국판 / 236쪽 / 6,500원

성공적인 표정이 당신을 바꾼다
마츠오 도오루 지음 / 홍영의 옮김 / 신국판 / 240쪽 / 7,500원

태양의 법 오오카와 류우호오 지음 / 민병수 옮김 / 신국판 / 246쪽 / 8,500원

영원의 법 오오카와 류우호오 지음 / 민병수 옮김 / 신국판 / 240쪽 / 8,000원

석가의 본심
오오카와 류우호오 지음 / 민병수 옮김 / 신국판 / 246쪽 / 10,000원

옛 사람들의 재치와 웃음
강형중 · 김경익 편저 / 신국판 / 316쪽 / 8,000원

지혜의 쉼터
쇼펜하우어 지음 / 김충호 엮음 / 4×6판 양장본 / 160쪽 / 4,300원

헤세가 너에게
헤르만 헤세 지음 / 홍영의 엮음 / 4×6판 양장본 / 144쪽 / 4,500원

사랑보다 소중한 삶의 의미
크리슈나무르티 지음 / 최윤영 엮음 / 신국판 / 180쪽 / 4,000원

장자-어찌하여 알 속에 털이 있다 하는가
홍영의 엮음 / 4×6판 / 180쪽 / 4,000원

논어-배우고 때로 익히면 즐겁지 아니한가
신도희 엮음 / 4×6판 / 180쪽 / 4,000원

맹자-가까이 있는데 어찌 먼 데서 구하려 하는가
홍영의 엮음 / 4×6판 / 180쪽 / 4,000원

아름다운 세상을 만드는 사랑의 메시지 365
DuMont monte Verlag 엮음 / 정성호 옮김 /
4×6판 변형 양장본 / 240쪽 / 8,000원

황금의 법 오오카와 류우호오 지음 / 민병수 옮김 / 신국판 / 320쪽 / 12,000원

왜 여자는 바람을 피우는가?
기젤라 룬테 지음 / 김현성 · 진정미 옮김 / 국판 / 200쪽 / 7,000원

건 강

식초건강요법 건강식품연구회 엮음 / 신재용(해성한의원 원장) 감수
가장 쉽게 구할 수 있고 경제적인 식품이면서 상상할 수 없을 정도로 뛰어난 약효를 지닌 식초의 모든 것을 담은 건강지침서! 신국판 / 224쪽 / 6,000원

아름다운 피부미용법 이순희(한독피부미용학원 원장) 지음
피부조직에 대한 기초 이론과 우리 몸의 생리를 알려줌으로써 아름다운 피부, 젊은 피부를 오래 유지할 수 있는 비결 제시! 신국판 / 296쪽 / 6,000원

버섯건강요법 김병각 외 6명 지음
종양 억제율 100%에 가까운 96.7%를 나타내는 기적의 약용버섯 등 신비의 버섯을 통하여 암을 치료하고 비만, 당뇨, 고혈압, 동맥경화 등 각종 성인병 예방을 위한 생활 건강 지침서! 신국판 / 286쪽 / 8,000원

성인병과 암을 정복하는 유기게르마늄 이상현 편저 / 캬오 샤오이 감수
최근 들어 각광을 받고 있는 새로운 치료제인 유기게르마늄을 통한 성인병, 각종 암의 치료에 대해 상세히 소개. 신국판 / 312쪽 / 9,000원

난치성 피부병 생약효소연구원 지음
현대의학으로도 치유불가능했던 난치성 피부병인 건선 · 아토피(태열)의 완치요법이 수록된 건강 지침서. 신국판 / 232쪽 / 7,500원

新 방약합편 정도명 편역
자신의 병을 알고 증세에 맞춰 스스로 처방을 할 수 있고 조제할 수 있는 보약 506가지 수록. 신국판 / 416쪽 / 15,000원

자연치료의학 오홍근(신경정신과 의학박사 · 자연의학박사) 지음
대한민국 최초의 자연의학박사가 밝힌 신비의 자연치료의학으로 자연산물을 이용하여 부작용 없이 치료하는 건강 생활 비법 공개!!
신국판 / 472쪽 / 15,000원

약초의 활용과 가정한방 이인성 지음
주변의 흔한 식물과 약초를 활용하여 각종 질병을 간편하게 예방 · 치료할 수 있는 비법제시. 신국판 / 384쪽 / 8,500원

역전의학 이시하라 유미 지음 / 유태종 감수
일반상식으로 알고 있는 건강상식에 대해 전혀 새로운 관점에서 비판하고 아울러 새로운 방법들을 제시한 건강 혁명 서적!! 신국판 / 286쪽 / 8,500원

이순희식 순수피부미용법 이순희(한독피부미용학원 원장) 지음
자신의 피부에 맞는 관리요법으로 스스로 피부관리를 할 수 있는 방법을 제시하고 책 속 부록으로 천연팩 재료 사전과 피부 타입별 팩 고르기.
신국판 / 304쪽 / 7,000원

21세기 당뇨병 예방과 치료법 이현철(연세대 의대 내과 교수) 지음
세계 최초 유전자 치료법을 개발한 저자가 당뇨병과 대항하여 가장 확실하게 이길 수 있는 당뇨병에 대한 올바른 이론과 발병시 대처 방법을 상세히 수록! 신국판 / 360쪽 / 9,500원

신재용의 민의학 동의보감 신재용(해성한의원 원장) 지음
주변의 흔한 먹거리를 이용해 신비의 명약이나 보약으로 활용할 수 있는 건강 지침서로서 저자가 TV나 라디오에서 다 밝히지 못한 한방 및 민간요법까지 상세히 수록!! 신국판 / 476쪽 / 10,000원

치매 알면 치매 이긴다 배오성(백성한방병원 원장) 지음
B.O.S.요법으로 뇌세포의 기능을 활성화시키고 엔돌핀의 분비효과를 극대화시켜 증상에 맞는 한약 처방을 병행하여 치매를 치유하는 획기적인 치유법 제시. 신국판 / 312쪽 / 10,000원

21세기 건강혁명 밥상 위의 보약 생식 최경순 지음
항암식품으로, 다이어트식으로, 젊고 탄력적인 피부를 유지할 수 있게 해주는 자연식으로의 생식을 소개하여 현대인들의 건강 길라잡이가 되도록 하였다. 신국판 / 348쪽 / 9,800원

기치유와 기공수련 윤한홍(기치유 연구회 회장) 지음
누구나 노력만 하면 개발할 수 있고 활용할 수 있는 기 수련 방법과 기치유 개발 방법 소개. 신국판 / 340쪽 / 12,000원

만병의 근원 스트레스 원인과 퇴치 김지혁(김지혁한의원 원장) 지음
만병의 근원인 스트레스를 속속들이 파헤치고 예방법까지 속시원하게 제시!! 신국판 / 324쪽 / 9,500원

김종성 박사의 뇌졸중 119 김종성 지음
우리나라 사망원인 1위. 뇌졸중 분야의 최고 권위자인 저자가 일상생활에서의 건강관리부터 환자간호에 이르기까지 뇌졸중의 예방, 치료법 등 모든 것 수록. 신국판 / 356쪽 / 12,000원

탈모 예방과 모발 클리닉 장효훈 · 전재홍 지음
미용적인 측면과 우리가 일상적으로 고민하고 궁금해 하는 털에 관한 내용들을 다양하고 재미있게 예를 들어가면서 흥미롭게 풀어간 것이 이 책의 특징. 신국판 / 252쪽 / 8,000원

구태규의 100% 성공 다이어트 구태규 지음
하이틴 영화배우의 다이어트 체험서. 저자만의 다이어트법을 제시하면서 바람직한 다이어트에 대해서도 알려준다. 건강하게 날씬해지고 싶은 사람들을 위한 필독서! 4×6배판 변형 / 240쪽 / 9,900원

암 예방과 치료법 이춘기 지음
암환자와 가족들을 위해서 암의 치료방법에서부터 합병증의 예방 및 암이 생기기 전에 알 수 있는 방법에 이르기까지 상세하게 해설해 놓은 책. 신국판 / 296쪽 / 11,000원

알기 쉬운 위장병 예방과 치료법 민영일 지음
소화기관인 위와 관련 기관들의 여러 질환을 발병 원인, 증상, 치료법 중심으로 알기 쉽게 해설해 놓은 건강서. 신국판 / 328쪽 / 9,900원

이온 체내혁명 노보루 야마노이 지음 / 김병관 옮김
새로운 건강관리 이론으로 주목을 받고 있는 음이온을 통해 건강을 되돌릴 수 있는 방법 제시. 신국판 / 272쪽 / 9,500원

어혈과 사혈요법 정지천 지음
침과 부항요법 등을 사용하여 모든 질병을 다스릴 수 방법과 우리 주변에서 흔하게 접할 수 있는 각 질병의 상황별 처치를 혈자리 그림과 함께 해설. 신국판 / 308쪽 / 12,000원

약손 경락마사지로 건강미인 만들기 고정환 지음
경락과 민족 고유의 정신 약손을 결합시킨 약손 성형경락 마사지로 수술하지 않고도 자신이 원하는 부위를 고치는 방법을 제시하는 건강 미용서. 4×6배판 변형 / 284쪽 / 15,000원

정유정의 LOVE DIET 정유정 지음
널리 알려진 온갖 다이어트 방법으로 살을 빼려고 노력했던 저자의 고통스러웠던 다이어트 체험담이 실려 있어 지금 살 때문에 고민하는 사람들이 가슴에 와 닿는 나만의 다이어트 계획을 나름대로 세울 수 있을 것이다. 4×6배판 변형 / 196쪽 / 10,500원

머리에서 발끝까지 예뻐지는 부분다이어트 신상만 · 김선민 지음
한약을 먹거나 침을 맞아 살을 빼는 방법, 아로마요법을 이용한 다이어트법, 운동을 이용한 부분비만 해소법 등이 실려 있으므로 나에게 맞는 방법을 선택하여 날씬하고 예쁜 몸매를 만들 수 있을 것이다. 4×6배판 변형 / 196쪽 / 11,000원

알기 쉬운 심장병 119 박승정 지음
심장병에 관해 심장질환이 생기는 원인, 증상, 치료법을 중심으로 내용을 상세하게 해설해 놓은 건강서. 신국판 / 248쪽 / 9,000원

알기 쉬운 고혈압 119 이정균 지음
생활 속의 고혈압에 관해 일반인들이 관심을 가지고 예방할 수 있도록 고혈압의 원인, 증상, 합병증 등을 상세하게 해설해 놓은 건강서. 신국판 / 304쪽 / 10,000원

여성을 위한 부인과질환의 예방과 치료 차선희 지음
남들에게는 말할 수 없는 증상들로 고민하고 있는 여성들을 위해 부인암, 골다공증, 빈혈 등 부인과질환을 원인 및 치료방법을 중심으로 설명한 여성 건강정보서. 신국판 / 304쪽 / 10,000원

알기 쉬운 아토피 119 이승규 · 임승엽 · 김문호 · 안유일 지음
감기처럼 흔하지만 암만큼 무서운 아토피 피부염의 원인에서부터 증상, 치료방법, 임상사례, 민간요법을 적용한 환자들의 경험담 등 수록. 신국판 / 232쪽 / 9,500원

120세에 도전한다 이권행 지음
아프지 않고 건강하게 오래 살기를 바라는 현대인들에게 우리 체질에 맞는 식생활습관, 심신 활동, 생활습관, 체질별 · 나이별 양생법을 소개. 장수하고픈 독자들의 궁금증을 풀어줄 것이다. 신국판 / 308쪽 / 11,000원

건강과 아름다움을 만드는 요가 정관식 지음
책을 보고서 집에서 혼자서도 할 수 있는 요가법 수록. 각종 질병에 따른 요가 수정체조법도 담았으며, 별책 부록으로 한눈에 보는 요가 차트 수록. 4×6배판 변형 / 224쪽 / 14,000원

우리 아이 건강하고 아름다운 롱다리 만들기 김성훈 지음
키 작은 우리 아이를 롱다리로 만드는 비법공개. 식사습관과 생활습관만의 변화로도 키를 크게 할 수 있으므로 키 작은 자녀를 둔 부모의 고민을 해결해 준다. 대국전판 / 236쪽 / 10,500원

알기 쉬운 허리디스크 예방과 치료 이종서 지음
전문가들의 의견, 허리병의 치료에서 가장 중요한 운동치료, 허리디스크와 요통에 관해 언론에서 잘못 소개한 기사나 과장 보도한 기사, 대상이 광범위함으로써 생기고 있는 사이비 의술 및 상업적인 의술을 시행하는 상업적인 병원 등을 소개함으로써 허리병을 앓고 있는 사람들에게 정확하고 올바른 지식을 전달하고자 하는 길라잡이서. 대국전판 / 336쪽 / 12,000원

소아과 전문의에게 듣는 알기 쉬운 소아과 119 신영규 · 이강우 · 최성환 지음
새내기 엄마, 아빠를 위해 올바른 육아법을 제시하고 각종 질병에 대한 치료법 및 예방법, 응급처치법을 소개. 4×6배판 변형 / 280쪽 / 14,000원

피가 맑아야 건강하게 오래 살 수 있다 김영찬 지음
현대인이 앓고 있는 고혈압, 당뇨병, 심장병 등은 피가 끈적거리고 혈관이 너덜거려서 생기는 질병이다. 이러한 성인병을 치료하려면 식이요법, 생활습관 개선 등을 통해 피를 맑게 해야 한다. 이 책에서는 피를 맑게 하기 위해 필요한 처방, 생활습관 개선법을 한의학적 관점에서 상세하게 설명하고 있다. 신국판 / 256쪽 / 10,000원

웰빙형 피부 미인을 만드는 나만의 셀프 피부건강 양해원 지음
모든 사람들이 관심 있어 하는 피부 관리를 집에서 할 수 있게 해주는 실용서. 집에서 간단하게 만들 수 있는 화장수, 팩 등을 소개하여 손안의 미용서 역할을 하고 있다. 대국전판 / 144쪽 / 10,000원

내 몸을 살리는 생활 속의 웰빙 항암 식품 이승남 지음
암=사형 선고라는 고정 관념을 깨주는 전제 아래 우리 밥상에서 흔히 볼 수 있는 먹거리로 암을 예방하며 치료하는 방법 소개. 암환자와 그 가족들에게 희망을 안겨 줄 것이다. 대국전판 / 248쪽 / 9,800원

마음한글, 느낌한글 박원석 지음
훈민정음의 창제원리를 이용한 한글명상, 한글요가, 한글체조로 지금까지의 요가나 명상과는 차원이 다른 더욱 더 효과적인 수련으로 이제 당신 앞에 새로운 세계가 펼쳐진다. 4×6배판 / 300쪽 / 15,000원

웰빙 동의보감식 발마사지 10분 최미화 지음, 신재용 감수
발이 병나면 몸에도 병이 생긴다. 우리 몸 중에서도 가장 천대받으면서도 가장 많은 일을 하는 발을 새롭게 인식하는 추세에 맞추어 발을 가꾸어 건강

을 지키는 방법 제시. 각 질병별 발마사지 방법, 부위를 구체적으로 설명하고 있다. 텔레비전을 보면서 하는 15분의 발마사지가 피로를 풀어주고 건강을 지켜줄 것이다.　4×6배판 변형 / 204쪽 / 13,000원

아름다운 몸, 건강한 몸을 위한 목욕 건강 30분　임하성 지음
우리가 흔히 대수롭지 않게 여기고 하는 습관 중에 하나가 목욕일 것이다. 그러나 이제 목욕도 건강과 관련시켜 올바른 방법으로 해야 한다. 웰빙 시대, 웰빙 라이프에 맞는 올바른 목욕법을 피부 관리 및 우리들의 생활 패턴에 맞추어 제시해 본다.　대국전판 / 176쪽 / 9,500원

내가 만드는 한방생주스 60　김영섭 지음
일반적인 과일·야채 주스에 21가지 한약재로 기본 음료를 만들어 맛과 영양을 고루 갖춘 최초의 웰빙 한방 건강음료 만드는 법 60가지 수록!! 각 음료마다 만드는 법과 효능을 실어 우리 가족 건강을 지키는 건강지침서의 역할을 한다.　국판 / 112쪽 / 7,000원

몸을 살리는 건강식품　백은희·조창호·최양진 지음
스트레스에 시달리는 현대인들에게 자연 영양소를 공급해 주는 건강기능식품에 관한 상세한 정보를 담고 있다. 나에게 필요한 영양소는 어떤 것이 있으며, 어떻게 섭취했을 때 가장 큰 효과를 얻을 수 있는 지 등을 조목조목 설명해 놓은 것이 눈에 띈다.　신국판 / 376쪽 / 11,000원

건강도 키우고 성적도 올리는 자녀 건강　김진돈 지음
자녀를 둔 부모라면 가장 먼저 생각하는 것이 자녀의 건강일 것이다. 특히 수험생을 둔 부모라면 그 관심은 말로 단정지을 수 없다. 수험생 자신이나 부모가 알아야 할 평소 건강 관리법, 제일 이겨내기 힘든 계절 여름철 건강 관리법, 조심해야 할 질병들에 대해 예방법, 치료법과 함께 상세하게 소개하고 있다.　신국판 / 304쪽 / 12,000원

알기 쉬운 간질환 119　이관식 지음
간염이 있는 사람이 술잔을 돌릴 경우 간염이 전염될까? 우리는 간이 소중한 존재임을 알면서도 혹사시키는 일이 많다. 간염 전염 및 간경화, 간암 등에 대한 잘못된 지식을 제대로 잡아주고 간과 관련된 병을 예방하는 법, 병에 걸렸을 때 치료하고 관리하는 법 등을 상세히 수록하여 간을 건강하게 지킬 수 있도록 해준다.　신국판 / 264쪽 / 11,000원

우어 주는 실전 공부 비법서.　대국전판 / 272쪽 / 9,500원

자녀를 성공시키는 습관만들기　배은경 지음
성공하는 자녀를 꿈꾸는 부모들이 알아야 할 자녀 교육법 소개. 부모는 자녀 인생의 주연이 아님을 알아야 하며 부모의 좋은 습관, 건전한 생각이 자녀의 성공 인생을 가져온다는 내용을 담은 부모 및 자녀 모두를 위한 자기 계발서.　대국전판 / 232쪽 / 9,500원

한자능력검정시험 2급　한자능력검정시험연구위원회 편저
국어사전식 단어 배열, 내용을 쉽게 이해할 수 있도록 도와 주는 일러스트, 기출 문제의 완전 분석을 바탕으로 한 예상 문제 수록 등 한자능력검정시험 2급을 준비하는 사람들을 위한 완벽 대비서.　4×6배판 / 472쪽 / 18,000원

한자능력검정시험 7급　한자능력검정시험연구위원회 편저
국어사전식 단어 배열, 각 한자 배우기에 도움이 되는 일러스트를 곁들이고 한자의 구성 원리를 설명해 놓아 한자 배우기가 재미있고 쉽다. 또한 따라쓰기를 통해 한자 익히기를 완전하게 끝낼 수 있도록 하였으며 활용 예문을 다양하게 예시해 놓았다.　4×6배판 / 152쪽 / 7,000원

한자능력검정시험 8급　한자능력검정시험연구위원회 편저
8급 한자 50자에 대해 각 한자 배우기에 도움이 되는 일러스트를 곁들이고 한자의 구성 원리를 설명해 놓아 한자 배우기가 재미있고 쉽다. 또한 따라쓰기를 통해 기본 한자 익히기를 완전하게 끝낼 수 있도록 하였으며 기본 50개의 한자를 활용한 예문을 다양하게 예시해 놓았다.
4×6배판 / 112쪽 / 6,000원

취미·실용

김진국과 같이 배우는 와인의 세계　김진국 지음
포도주 역사에서 분류, 원료 포도의 종류와 재배, 양조·숙성·저장, 시음법, 어울리는 요리와 와인의 유통과 소비, 와인 시장의 현황과 전망, 와인 판매 요령, 와인의 보관과 재고의 회전, '와인 양조 비밀의 모든 것'을 동영상으로 담은 CD까지, 와인의 모든 것이 담긴 종합학습서.
국배판 변형양장본(올 컬러판) / 208쪽 / 30,000원

교　육

우리 교육의 창조적 백색혁명　원상기 지음 / 신국판 / 206쪽 / 6,000원

현대생활과 체육　조창남 외 5명 공저 / 신국판 / 340쪽 / 10,000원

퍼펙트 MBA　IAE유학네트 지음 / 신국판 / 400쪽 / 12,000원

유학길라잡이 Ⅰ -미국편　IAE유학네트 지음 / 4×6배판 / 372쪽 / 13,900원

유학길라잡이 Ⅱ - 4개국편
IAE유학네트 지음 / 4×6배판 / 348쪽 / 13,900원

조기유학길라잡이.com　IAE유학네트 지음 / 4×6배판 / 428쪽 / 15,000원

현대인의 건강생활　박상호 외 5명 공저 / 4×6배판 / 268쪽 / 15,000원

천재아이로 키우는 두뇌훈련　나카마츠 요시로 지음 / 민병수 옮김
머리가 좋은 아이로 키우기 위한 환경 만들기, 식사, 운동 등 연령별 두뇌 훈련법 소개.　국판 / 288쪽 / 9,500원

두뇌혁명　나카마츠 요시로 지음 / 민병수 옮김
『뇌내혁명』하루야마 시게오의 추천작!! 어른들을 위한 두뇌 개발서로, 풍요로운 인생을 만들기 위한 '뇌'와 '몸' 자극법 제시.
4×6판 양장본 / 288쪽 / 12,000원

테마별 고사성어로 익히는 한자
김영익 지음 / 4×6배판 변형 / 248쪽 / 9,800원

生 공부비법　이은승 지음
국내 최초 수학과外 수석의 주인공 이은승이 개발한 자기만의 맞춤식 공부 학습법 소개. 공부도 하는 법을 알면 목표를 달성할 수 있다고 용기를 북돋

경제·경영

CEO가 될 수 있는 성공법칙 101가지
김승룡 편역 / 신국판 / 320쪽 / 9,500원

정보소프트　김승룡 지음 / 신국판 / 324쪽 / 6,000원

기획대사전　다카하시 겐코 지음 / 홍영의 옮김
기획에 관련된 모든 사항을 실례와 도표를 통하여 초보자에서 프로기획맨에 이르기까지 효율적으로 활용할 수 있도록 체계적으로 총망라하였다.
신국판 / 552쪽 / 19,500원

맨손창업·맞춤창업 BEST 74　양혜숙 지음
창업대행 현장 전문가가 추천하는 유망업종을 7가지 주제별로 나누어 수록한 맞춤창업서로 창업예비자들에게 창업의 길을 밝혀줄 발로 뛰면서 만든 실무지침서!!　신국판 / 416쪽 / 12,000원

무자본, 무점포 창업! FAX 한 대면 성공한다
다카시로 고시 지음 / 홍영의 옮김 / 신국판 / 226쪽 / 7,500원

성공하는 기업의 인간경영　중소기업 노무 연구회 편저 / 홍영의 옮김
무한경쟁시대에서 각 기업들의 다양한 경영 실태 속에서 인사·노무 관리 개선에 있어서 기업의 효율을 높이고 발전을 이룰 수 있는 원칙을 제시.
신국판 / 368쪽 / 11,000원

21세기 IT가 세계를 지배한다　김광희 지음
21세기 화두로 떠오른 IT혁명의 경쟁력에 대해서 전문가의 논리적이고 철저한 해설과 더불어 매장 끝까지 실제 사례들을 곁들여 설명.
신국판 / 380쪽 / 12,000원

경제기사로 부자아빠 만들기 김기태 · 신현태 · 박근수 공저
날마다 배달되는 경제기사를 꼼꼼히 챙겨보는 사람만이 현대생활에서 부자가 될 수 있다. 언론인의 현장감각과 학자의 전문성을 접목시킨 것이 이 책의 특성! 누구나 이 책을 읽고 경제원리를 체득, 경제예측을 할 수 있게 준비된 생활경제서적. 신국판 / 388쪽 / 12,000원

포스트 PC의 주역 정보가전과 무선인터넷 김광희 지음
포스트 PC의 주역으로 급부상하고 있는 정보가전과 무선인터넷 그리고 이를 구현하기 위한 관련 테크놀러지를 체계적으로 소개.
신국판 / 356쪽 / 12,000원

성공하는 사람들의 마케팅 바이블 채수명 지음
최근의 이론을 보완하여 내놓은 마케팅 관련 실무서. 마케팅의 정보전략, 핵심요소, 컨설팅실무까지 저자의 노하우와 창의적인 이론이 결합된 마케팅서. 신국판 / 328쪽 / 12,000원

느린 비즈니스로 돌아가라 사카모토 게이이치 지음 / 정성호 옮김
미국식 스피드 경영에 익숙해져 현실의 오류를 간과하고 있는 사람들을 위한 어떻게 팔 것인가보다 무엇을 팔 것인가를 설명하는 마케팅 컨설턴트의 대안 제시서! 신국판 / 276쪽 / 9,000원

적은 돈으로 큰돈 벌 수 있는 부동산 재테크 이원재 지음
700만 원으로 부동산 재테크에 뛰어들어 100배 불린 저자가 부동산 재테크를 계획하고 있는 사람들이 반드시 알아두어야 할 내용을 경험담을 담아 해설해 놓은 경제서. 신국판 / 340쪽 / 12,000원

바이오혁명 이주영 지음
21세기 국가간 경쟁부문으로 새로이 떠오르고 있는 바이오혁명에 관한 기초지식을 언론사에 몸담고 있는 현직 기자가 아주 쉽게 해설해 놓은 바이오 가이드서. 바이오 관련 용어 해설 수록. 신국판 / 328쪽 / 12,000원

성공하는 사람들의 자기혁신 경영기술 채수명 지음
자기 계발을 통한 신지식 자기경영마인드를 갖추어야 한다는 전제 아래 그 방법을 자세하게 알려주는 자기계발 지침서. 신국판 / 344쪽 / 12,000원

CFO 쿄텐 토요오 · 타하라 오키이 지음 / 민병수 옮김
일반인들에게 생소한 용어인 CFO, 즉 최고 재무책임자의 역할이 지금까지와는 완전히 달라져야 하고, 기업을 이끌어가는 새로운 키잡이로서의 CFO의 역할, 위상을 일본의 기업을 중심으로 하여 알아보고 바람직한 방향을 제시한다. 신국판 / 312쪽 / 12,000원

네트워크시대 네트워크마케팅 임동학 지음
학력, 사회적 지위 등에 관계 없이 자신이 노력한 만큼 돈을 벌 수 있는 네트워크마케팅에 관해 알려주는 안내서. 신국판 / 376쪽 / 12,000원

성공리더의 7가지 조건 다이앤 트레이시 · 윌리엄 모건 지음 / 지창영 옮김
개인과 팀, 조직관계의 개선을 위한 방향제시 및 실천을 위한 안내자 역할을 해주는 책. 현장에서 활용할 수 있는 실용서. 신국판 / 360쪽 / 13,000원

김종결의 성공창업 김종결 지음
누구나 창업을 할 수는 있지만 아무나 돈을 버는 것은 아니다라는 전제 아래 중견 연기자로서, 음식점 사장님으로 성공한 탤런트 김종결의 성공비결을 통해 창업전략과 성공전략을 제시한다. 신국판 / 340쪽 / 12,000원

최적의 타이밍에 내 집 마련하는 기술 이원재 지음
부동산을 통한 재테크의 첫걸음 '내 집 마련'의 결정판. 체계적이고 한눈에 쏙 들어 오는 '내 집 장만 과정'을 쉽게 풀어놓은 부동산재테크서.
신국판 / 248쪽 / 10,500원

컨설팅 세일즈 Consulting sales 임동학 지음
발로 뛰는 영업이 아니라 머리로 하는 영업이 절실히 요구되는 시대 상황에 맞추어 고객지향의 세일즈, 과제해결 세일즈, 구매자와 공급자 간에 서로 만족하는 세일즈법 제시. 대국전판 / 336쪽 / 13,000원

연봉 10억 만들기 김농주 지음
연봉으로 말해지는 임금을 재테크 하여 부자가 될 수 있는 방법 제시. 고액의 연봉을 받기 위해서 개인이 갖추어야 할 실무적 능력, 태도, 마음가짐, 재테크 수단 등을 각 주제에 따라 구체적으로 제시함으로써 부자를 꿈꾸는 사람들이 그 희망을 이룰 수 있게 해준다. 국판 / 216쪽 / 10,000원

주5일제 근무에 따른 한국형 주말창업 최효진 지음
우리나라 실정에 맞는 주말창업 아이템의 제시 및 창업시 필요한 정보를 얻을 수 있는 곳, 주의해야 할 점, 실전 인터넷 쇼핑몰 창업, 표준사업계획서 등을 수록하여 지금 당장이라도 내 사업을 할 수 있게 해주는 창업 길라잡이서. 신국판 변형 양장본 / 216쪽 / 10,000원

돈 되는 땅 돈 안되는 땅 김영준 지음
부동산 틈새시장에서 성공하는 투자 노하우를 신행정수도 예정지 및 고속철도 역세권 등 투자 유망지역을 중심으로 완벽하게 수록해 놓은 부동산 재테크서. 신국판 / 300쪽 / 13,000원

돈 버는 회사로 만들 수 있는 109가지
다카하시 도시노리 지음 / 민병수 옮김
회사경영에서 경영자가 꼭 알아야 할 기본 사항 수록. 내용이 항목별로 정리되어 있어 원하는 자료를 바로 찾아 볼 수 있는 것이 최대의 장점. 이 책을 통해서 불필요한 군살을 빼고 강한 근육질을 가진 돈 버는 회사를 만들어 보자. 신국판 / 344쪽 / 13,000원

프로는 디테일에 강하다 김미현 지음
탄탄하게 자리를 잡은 15군데 중소기업의 여성 CEO들이 회사를 운영하면서 겪은 어려움, 기쁨 등을 자서전 형식을 빌어 솔직 담백하게 얘기했다. 예비 창업자들을 위한 조언, 경영 철학, 성공 요인도 담고 있어 창업을 준비하는 사람들에게 도움이 될 것이다. 신국판 / 248쪽 / 9,000원

머니투데이 송복규 기자의 부동산으로 주머니돈 100배 만들기 송복규 지음
재테크 수단으로 새롭게 각광 받고 있는 부동산을 이용한 재산 증식 방법 수록. 부동산 재료별 특성에 따른 맞춤 투자전략을 제시하고 알아두면 편리한 부동산 상식도 알려준다. 현직 전문 기자의 예리한 분석과 최신 정보가 담겨 있는 부동산재테크 가이드서. 신국판 / 328쪽 / 13,000원

주 식

개미군단 대박맞이 주식투자 홍성걸 지음 / 신국판 / 310쪽 / 9,500원
알고 하자! 돈 되는 주식투자 이길영 외 2명 공저 / 신국판 / 388쪽 / 12,500원
항상 당하기만 하는 개미들의 매도 · 매수타이밍 999% 적중 노하우
강경무 지음 / 신국판 / 336쪽 / 12,000원
부자 만들기 주식성공클리닉 이창희 지음 / 신국판 / 372쪽 / 11,500원
선물 · 옵션 이론과 실전매매 이창희 지음 / 신국판 / 372쪽 / 12,000원
너무나 쉬워 재미있는 주가차트 홍성무 지음 / 4×6배판 / 216쪽 / 15,000원

역 학

역리종합 만세력 정도명 편저 / 신국판 / 532쪽 / 10,500원
작명대전 정보국 지음 / 신국판 / 460쪽 / 12,000원
하락이수 해설 이천교 편저 / 신국판 / 620쪽 / 27,000원
현대인의 창조적 관상과 수상 백운산 지음 / 신국판 / 344쪽 / 9,000원
대운용신영부적 정재원 지음 / 신국판 양장본 / 750쪽 / 39,000원
사주비결활용법 이세진 지음 / 신국판 / 392쪽 / 12,000원
컴퓨터세대를 위한 新 성명학대전 박용찬 지음 / 신국판 / 388쪽 / 11,000원
길흉화복 꿈풀이 비법 백운산 지음 / 신국판 / 410쪽 / 12,000원
새천년 작명컨설팅 정재원 지음 / 신국판 / 470쪽 / 13,000원
백운산의 신세대 궁합 백운산 지음 / 신국판 / 304쪽 / 9,500원

동자삼 작명학 남시모 지음 / 신국판 / 496쪽 / 15,000원
구성학의 기초 문길여 지음 / 신국판 / 412쪽 / 12,000원

법률 일반

여성을 위한 성범죄 법률상식 조명원(변호사) 지음 / 신국판 / 248쪽 / 8,000원
아파트 난방비 75% 절감방법 고영근 지음 / 신국판 / 238쪽 / 8,000원
일반인이 꼭 알아야 할 절세전략 173선
최성호(공인회계사) 지음 / 신국판 / 392쪽 / 12,000원
변호사와 함께하는 부동산 경매 최환주(변호사) 지음 / 신국판 / 404쪽 / 13,000원
혼자서 쉽고 빠르게 할 수 있는 소액재판
김재용 · 김종철 공저 / 신국판 / 312쪽 / 9,500원
"술 한 잔 사겠다"는 말에서 찾아보는 채권 · 채무
변환철(변호사) 지음 / 신국판 / 408쪽 / 13,000원
알기쉬운 부동산 세무 길라잡이
이건우(세무서 재산계장) 지음 / 신국판 / 400쪽 / 13,000원
알기쉬운 어음, 수표 길라잡이 변환철(변호사) 지음 / 신국판 / 328쪽 / 11,000원
제조물책임법
강동근(변호사) · 윤종성(검사) 공저 / 신국판 / 368쪽 / 13,000원
알기 쉬운 주5일근무에 따른 임금 · 연봉제 실무
문강분(공인노무사) 지음 / 4×6배판 변형 / 544쪽 / 35,000원
변호사 없이 당당히 이길 수 있는 형사소송 김대환 지음 / 신국판 / 304쪽 / 13,000원
변호사 없이 당당히 이길 수 있는 민사소송 김대환 지음 / 신국판 / 412쪽 / 14,500원
혼자서 해결할 수 있는 교통사고 Q&A
조명원(변호사) 지음 / 신국판 / 336쪽 / 12,000원

생활법률

부동산 생활법률의 기본지식
대한법률연구회 지음 / 김원중(변호사) 감수 / 신국판 / 480쪽 / 12,000원
고소장 · 내용증명 생활법률의 기본지식
하태웅(변호사) 지음 / 신국판 / 440쪽 / 12,000원
노동 관련 생활법률의 기본지식
남동희(공인노무사) 지음 / 신국판 / 528쪽 / 14,000원
외국인 근로자 생활법률의 기본지식
남동희(공인노무사) 지음 / 신국판 / 400쪽 / 12,000원
계약작성 생활법률의 기본지식
이상도(변호사) 지음 / 신국판 / 560쪽 / 14,500원
지적재산 생활법률의 기본지식
이상도(변호사) · 조의제(변리사) 공저 / 신국판 / 496쪽 / 14,000원
부당노동행위와 부당해고 생활법률의 기본지식
박영수(공인노무사) 지음 / 신국판 / 432쪽 / 14,000원
주택 · 상가임대차 생활법률의 기본지식
김운용(변호사) 지음 / 신국판 / 480쪽 / 14,000원
하도급거래 생활법률의 기본지식
김진홍(변호사) 지음 / 신국판 / 440쪽 / 14,000원
이혼소송과 재산분할 생활법률의 기본지식
박동섭(변호사) 지음 / 신국판 / 460쪽 / 14,000원
부동산등기 생활법률의 기본지식

정상태(법무사) 지음 / 신국판 / 456쪽 / 14,000원
기업경영 생활법률의 기본지식
안동섭(단국대 교수) 지음 / 신국판 / 466쪽 / 14,000원
교통사고 생활법률의 기본지식
박정무(변호사) · 전병찬 공저 / 신국판 / 480쪽 / 14,000원
소송서식 생활법률의 기본지식
김대환 지음 / 신국판 / 480쪽 / 14,000원
호적 · 가사소송 생활법률의 기본지식
정주수(법무사) 지음 / 신국판 / 516쪽 / 14,000원
상속과 세금 생활법률의 기본지식
박동섭(변호사) 지음 / 신국판 / 480쪽 / 14,000원
담보 · 보증 생활법률의 기본지식
류창호(법학박사) 지음 / 신국판 / 436쪽 / 14,000원
소비자보호 생활법률의 기본지식
김성천(법학박사) 지음 / 신국판 / 504쪽 / 15,000원
판결 · 공정증서 생활법률의 기본지식
정상태(법무사) 지음 / 신국판 / 312쪽 / 13,000원

처 세

성공적인 삶을 추구하는 여성들에게 우먼파워
조안 커너 · 모이라 레이너 공저 / 지창영 옮김 / 신국판 / 352쪽 / 8,800원
聽 이익이 되는 말 話 손해가 되는 말
우메시마 미요 지음 / 정성호 옮김 / 신국판 / 304쪽 / 9,000원
성공하는 사람들의 화술테크닉 민영욱 지음 / 신국판 / 320쪽 / 9,500원
부자들의 생활습관 가난한 사람들의 생활습관
다케우치 야스오 지음 / 홍영의 옮김 / 신국판 / 320쪽 / 9,800원
코끼리 귀를 당긴 원숭이-히딩크식 창의력을 배우자
강충인 지음 / 신국판 / 208쪽 / 8,500원
성공하려면 유머와 위트로 무장하라 민영욱 지음 / 신국판 / 292쪽 / 9,500원
등소평의 오뚝이전략 조창남 편저 / 신국판 / 304쪽 / 9,500원
노무현 화술과 화법을 통한 이미지 변화
이현정 지음 / 신국판 / 320쪽 / 10,000원
성공하는 사람들의 토론의 법칙 민영욱 지음 / 신국판 / 280쪽 / 9,500원
사람은 칭찬을 먹고산다 민영욱 지음 / 신국판 / 268쪽 / 9,500원
사과의 기술 김농주 지음 / 신국판 변형 양장본 / 200쪽 / 10,000원
취업 경쟁력을 높여라 김농주 지음 / 신국판 / 280쪽 / 12,000원

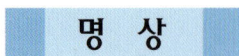

명상으로 얻는 깨달음 달라이 라마 지음 / 지창영 옮김 / 국판 / 320쪽 / 9,000원

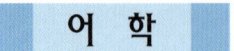

2진법 영어 이상도 지음 / 4×6배판 변형 / 328쪽 / 13,000원
한 방으로 끝내는 영어 고제윤 지음 / 신국판 / 316쪽 / 9,800원
한 방으로 끝내는 영단어
김승엽 지음 / 김수경 · 카렌다 감수 / 4×6배판 변형 / 236쪽 / 9,800원

해도해도 안 되던 영어회화 하루에 30분씩 90일이면 끝낸다
Carrot Korea 편집부 지음 / 4×6배판 변형 / 260쪽 / 11,000원

바로 활용할 수 있는 기초생활영어 김수경 지음 / 신국판 / 240쪽 / 10,000원

바로 활용할 수 있는 비즈니스영어 김수경 지음 / 신국판 / 252쪽 / 10,000원

생존영어55 홍일용 지음 / 신국판 / 224쪽 / 8,500원

필수 여행영어회화 한현숙 지음 / 4×6판 변형 / 328쪽 / 7,000원

필수 여행일어회화 윤영자 지음 / 4×6판 변형 / 264쪽 / 6,500원

필수 여행중국어회화 이은진 지음 / 4×6판 변형 / 256쪽 / 7,000원

영어로 배우는 중국어 김승엽 지음 / 신국판 / 216쪽 / 9,000원

필수 여행스페인어회화 유연창 지음 / 4×6판 변형 / 288쪽 / 7,000원

바로 활용할 수 있는 홈스테이 영어 김형주 지음 / 신국판 / 184쪽 / 9,000원

레포츠

수열이의 브라질 축구 탐방 삼바 축구, 그들은 강하다 이수열 지음
축구에 대한 관심만으로 각 나라의 축구팀, 특히 브라질 축구팀에 애정을 가지고 브라질 축구팀의 전력 및 각 선수들의 장단점을 나름대로 분석하고 연구하여 자신의 의견을 피력하고 있는 축구 길라잡이서.
신국판 / 280쪽 / 8,500원

마라톤, 그 아름다운 도전을 향하여
빌 로저스·프리실라 웰치·조 헨더슨 공저 / 오인환 감수 / 지창영 옮김
마라톤에 입문하고자 하는 초보 주자들을 위한 마라톤 가이드서. 올바르게 달리는 법, 음식 조절법, 달리기 전 준비운동, 주자에게 맞는 프로그램 짜기, 부상 예방법을 상세하게 설명하고 있다. 4×6배판 / 320쪽 / 15,000원

퍼팅 메커닉 이근택 지음
감각에 의존하는 기존 방식의 퍼팅은 이제 그만!!
저자 특유의 과학적 이론을 신체근육 운동학에 접목시켜 몸의 무리를 최소한으로 덜고 최대한의 정확성과 거리감을 갖게 하는 새로운 퍼팅 메커닉 북. 4×6배판 변형 / 192쪽 / 18,000원

아마골프 가이드 정영호 지음
골프를 처음 시작하는 모든 아마추어 골퍼를 위해 보다 쉽고 빠르게 이해할 수 있도록 내용이 구성된 아마골프 레슨 프로그램서.
4×6배판 변형 / 216쪽 / 12,000원

인라인스케이팅 100%즐기기 임미숙 지음
레저 문화에서 새로운 강자로 자리매김하고 있는 인라인 스케이팅을 안전하고 재미있게 즐길 수 있도록 알려주는 인라인 스케이팅 지침서. 각 단계별 동작을 한눈에 알아볼 수 있도록 세부 동작별 일러스트 수록.
4×6배판 변형 / 172쪽 / 11,000원

배스낚시 테크닉 이종건 지음
현재 한국배스스쿨에서 강사로 활약하고 있는 아마추어 배스 낚시꾼이 중급 수준의 배스 낚시꾼들이 자신의 실력을 한 단계 업그레이드 시킬 수 있도록 루어의 활용, 응용법 등을 상세하게 해설. 4×6배판 / 440쪽 / 20,000원

나도 디지털 전문가 될 수 있다!!! 이승후 지음
깜찍한 디자인과 간편하게 휴대할 수 있다는 장점 때문에 새로운 생활필수품으로 자리를 잡아가고 있는 디카·디캠을 짧은 시간 안에 쉽게 배울 수 있도록 해놓은 초보자를 위한 디카·디캠길라잡이서.
4×6배판 / 320쪽 / 19,200원

스키 100% 즐기기 김동환 지음
스키 인구의 확산 추세에 따라 스키의 기초 이론 및 기본 동작부터 상급의 기술까지 단계별 동작을 전문가의 동작사진을 곁들여 내용 구성.
4×6배판 변형 / 184쪽 / 12,000원

태권도 총론 하웅의 지음
우리의 국기 태권도에 관한 실용 이론서. 지도자가 알아야 할 사항, 태권도장 운영이론, 응급처치법 및 태권도 경기규칙 등 필수 내용만 수록.
4×6배판 / 288쪽 / 15,000원

건강하고 아름다운 동양란 기르기 난마을 지음
동양란 재배의 첫걸음부터 전시회 출품까지 동양란의 모든 것 수록. 동양란의 구조·특징·종류·감상법, 꽃대 관리·꽃 피우기·발색 요령 등 건강하고 아름다운 동양란 만들기로 구성. 4×6배판 변형 / 184쪽 / 12,000원

수영 100% 즐기기 김종만 지음
물 적응하기부터 수영용품, 수영과 건강, 응용수영 및 고급 수영기술에 이르기까지 주옥 같은 수중촬영 연속사진으로 자세히 설명해 주는 수영기법 Q&A. 4×6배판 변형 / 248쪽 / 13,000원

애완견114 황향원 엮음
애완견 길들이기, 애완견의 먹거리, 멋진 애완견 만들기, 애완견의 질병 예방과 건강, 애완견의 임신과 출산, 애완견에 대한 기타 관리 등 애완견을 기를 때 반드시 알아야 할 내용 수록. 4×6배판 변형 / 228쪽 / 13,000원

건강을 위한 웰빙 걷기 이강옥 지음
건강 운동으로서 많은 사람들의 관심을 모으고 있는 걷기운동을 상세하게 설명. 걷기시 필요한 장비, 올바른 걷기 자세를 설명하고 고혈압·당뇨병·비만증·골다공증 등 성인병과 관련해 걷기운동을 했을 때 얻을 수 있는 효과를 수록하여 성인병을 예방하고 치료할 수 있도록 하였다.
대국전판 / 280쪽 / 10,000원

우리 땅 우리 문화가 살아 숨쉬는 옛터 이형권 지음
우리나라에서 가장 가보고 싶은 역사의 현장 19곳을 선정, 그 터에 어린 조상의 숨결과 역사적 증언을 만날 수 있는 시간 제공. 맛있는 집, 찾아가는 길, 꼭 가봐야 할 유적지 등 핵심 내용 선별 수록.
대국전판 올컬러 / 208쪽 / 9,500원

아름다운 산사 이형권 지음
우리나라의 대표적인 산사를 찾아 계절 따라 산사가 주는 이미지, 산사가 안고 있는 역사적 의미를 되새겨 본다. 동시에 산사를 찾음으로써 생활에 찌든 현대인들이 삶의 활력을 되찾는 시간을 갖게 한다.
대국전판 올컬러 / 208쪽 / 9,500원

맛과 멋이 있는 낭만의 카페 박성찬 지음
가족끼리, 연인끼리 추억을 만들고 행복한 시간을 보낼 수 있는 서울 근교의 카페를 엄선하여 소개. 카페에 대한 인상 및 기본 정보, 인근 볼거리 등도 함께 수록하여 손안의 인터넷 정보서가 될 수 있게 했다.
대국전판 올컬러 / 168쪽 / 9,900원

한국의 숨어 있는 아름다운 풍경 이종원 지음
우리 나라의 숨어 있는 아름다운 풍경을 찾아 소개하는 여행서. 저자의 여행 감상과 먹거리, 볼거리, 사람 사는 이야기가 담겨 있어 안내서라기보다는 답사기라고 할 수 있는 서정과 사진이 풍부하게 담겨 있다.
대국전판 올컬러 / 208쪽 / 9,900원

사람이 있고 자연이 있는 아름다운 명산 박기성 지음
산을 좋아하는 사람들을 위한 산 안내서. 한번쯤 가보면 좋을 산을 엄선하여 그 산이 갖는 매력을 서정성 짙은 글로 풀어 놓았다. 가는 방법과 둘러보아야 할 곳도 덤으로 설명. 대국전판 올컬러 / 176쪽 / 12,000원

골프 100타 깨기 김준모 지음
읽고 따라 하기만 해도 100타를 깰 수 있는 골프의 전략·전술의 비법 공개. 뛰어난 골프 실력은 올바른 그립과 어드레스에서 비롯됨을 강조한 초보자를 위한 실전 골프 지침서. 4×6배판 변형 / 136쪽 / 10,000원

쉽고 즐겁게! 신나게! 배우는 재즈댄스 최재선 지음
몸치인 사람도 쉽게 따라 하고 배우는 재즈댄스 안내서. 이 책에 실려 있는 기본 동작을 익혀 재즈댄스를 하면 생활 속의 긴장과 스트레스를 털어버리고 활력을 되찾을 수 있으며, 다이어트 효과도 얻을 수 있다.
4×6배판 변형 / 200쪽 / 12,000원

사람이 있고 자연이 있는 아름다운 명산

2005년 2월 15일 제1판 1쇄 발행

지은이/박기성
펴낸이/강선희
펴낸곳/가림출판사

등록/1992. 10. 6. 제4-191호
주소/서울시 광진구 구의동 57-71 부원빌딩 4층
대표전화/458-6451   팩스/458-6450
홈페이지 http://www.galim.co.kr
e-mail galim@galim.co.kr

값 12,000원

ⓒ 박기성, 2004

저자와의 협의하에 인지를 생략합니다.
무단 복제·전재를 절대 금합니다.

ISBN 89-7895-190-2 13980

가림출판사·가림M&B·가림Let's의 홈페이지(http://www.galim.co.kr)에 들어오시면 가림출판사·가림M&B·가림Let's의 신간도서 및 출간 예정 도서를 포함한 모든 책들을 만나실 수 있습니다.
온라인 서점을 통하여 직접 도서 구입도 하실 수 있으며 가림 홈페이지 내에서 전국 대형 서점들의 사이트에 링크하시어 종합 신간 안내 및 각종 도서 정보, 책과 관련된 문화 정보를 받아보실 수 있습니다.
또한 홈페이지 방문시 회원으로 가입하시면 신간 안내 자료를 보내드립니다.